UNIVERSITÉ DE NANCY

FACULTÉ DE DROIT

ÉTUDE

SUR LA

Loi du 12 Janvier 1895

RELATIVE A LA SAISIE-ARRÊT

des Salaires des Ouvriers et des petits Traitements des Employés

THÈSE

POUR LE DOCTORAT EN DROIT

PRÉSENTÉE PAR

Charles HABERT

L'Acte public sera soutenu le Samedi 3 Juin 1899, à 4 heures du soir

Président : M. BEAUCHET, Professeur.
Suffragants : M. BINET, Professeur.
M. BOURCART, Professeur.

NANCY
IMPRIMERIE ADMINISTRATIVE L. KREIS, RUE SAINT-GEORGES, 51
1899

THÈSE

POUR LE DOCTORAT EN DROIT

FACULTÉ DE DROIT DE NANCY

Doyen : M. LEDERLIN, ✳, I ○.
Doyen honoraire : M. JALABERT, ✳, I ○.
Professeur honoraire : M. LOMBARD (Ad.), ✳, I ○.
MM. LEDERLIN ✳, I ○, Professeur de Droit romain, Chargé du
    Cours de Pandectes et du Cours d'Histoire du Droit. (Droit
    français étudié dans ses origines féodales et coutumières).
LIEGÉOIS, I ○, Professeur de Droit administratif et Chargé
    du Cours d'Histoire des Doctrines économiques.
BLONDEL, I ○, Professeur de Code civil et Chargé du Cours
    de Principes du Droit public et de Droit constitutionnel
    comparé
BINET, I ○, Professeur de Code civil et Chargé du Cours
    d'enregistrement.
GARNIER, I ○, Professeur d'Économie politique et Chargé
    du Cours de Législation financière.
MAY, I ○, Professeur de Droit romain et Chargé du Cours
    de Pandectes et du Cours de Droit international public (Doc-
    torat).
GARDEIL, I ○, Professeur de Droit criminel, et Chargé du
    Cours de Législation et Économie industrielles.
BEAUCHET, I ○, Professeur de Procédure civile et Chargé du
    Cours de Procédure civile (Voies d'exécution), et du Cours
    de Législation et Économie coloniales.
BOURCART, I ○, Professeur de Droit commercial.
GAVET, I ○, Professeur d'Histoire du Droit.
CHRETIEN, I ○, Professeur de Droit international public et
    privé
CARRÉ DE MALBERG, A ○, Professeur de Droit constitu-
    tionnel et administratif
GAUCKLER, I ○, Professeur de Code civil.
MELIN, Docteur en droit Chargé de Conférences.
RENARD, Docteur en Droit, chargé de Conférences.
LACHASSE, I ○, Docteur en Droit, Secrétaire honoraire.
VALEGEAS, A ○, Docteur en Droit, Secrétaire.

**La Faculté n'entend ni approuver ni désapprouver les
opinions particulières du candidat.**

UNIVERSITÉ DE NANCY

FACULTÉ DE DROIT

ÉTUDE

SUR LA

Loi du 12 Janvier 1895

RELATIVE A LA SAISIE-ARRÊT

des Salaires des Ouvriers et des petits Traitements des Employés

THÈSE

POUR LE DOCTORAT EN DROIT

PRÉSENTÉE PAR

Charles HABERT

L'Acte public sera soutenu le Samedi 3 Juin 1899, à 4 heures du soir

Président : M. BEAUCHET, Professeur.
Suffragants : M. BINET, Professeur.
M. BOURCART, Professeur.

NANCY

IMPRIMERIE ADMINISTRATIVE L. KREIS, RUE SAINT GEORGES, 51

1899

A MON PÈRE

A MA MÈRE

A MES PARENTS

A MES AMIS

INTRODUCTION

1. — L'amélioration de la condition de la classe ouvrière est aujourd'hui, dans tous les pays de l'Europe, la question à l'ordre du jour. Partout l'étude des grands problèmes sociaux attire plus que jamais l'attention et l'activité du législateur ; et chaque année, parmi le contingent des lois nouvelles, qui sont promulguées dans les différents pays, le plus grand nombre ont pour but de faciliter à l'ouvrier les conditions d'existence et de travail.

Et pour ne parler que de notre pays, on peut citer entre autres parmi les plus récentes : la loi du 2 juillet 1890 abrogeant les dispositions relatives aux livrets d'ouvriers, la loi du 8 juillet 1890 sur les délégués à la sécurité des ouvriers mineurs, la loi du 2 novembre 1892 réglementant le travail des enfants, des filles mineures et des femmes dans les établissements industriels. Sans compter celles qui ne sont encore qu'à l'état de projet, comme le projet de loi établissant des caisses de secours et de retraite pour les ouvriers mineurs, qui, à l'heure actuelle est sur le point d'aboutir, après avoir dormi pendant de longues années dans les cartons de la Chambre et du Sénat.

2. — La loi du 12 janvier 1895, relative à la saisie-arrêt sur les salaires et petits traitements des ouvriers et employés et dont nous nous proposons dans ce commentaire d'aborder l'étude, peut à juste titre être considérée comme une des plus importantes, parmi celles que nous venons d'énumérer. C'est une loi sociale par excellence, car l'idée première, celle qui a présidé à son élaboration a été d'assurer à l'ouvrier, au travailleur, ce qui lui est indispensable pour subvenir à son entretien et à celui de sa famille, le droit au pain, suivant une expression qui a été prononcée. « Assurer, dit M. Plichon, dans la proposition qu'il a présentée à la Chambre le 30 novembre 1893, au travailleur, dans la perception et la possession de son salaire, une protection efficace et équitable sans nuire à son crédit, ni porter atteinte à sa dignité et à son indépendance professionnelle ».

La loi du 12 janvier 1895 n'est donc pas une manifestation isolée de l'intérêt qui s'attache à juste titre, tant au sein du pays que dans les sphères gouvernementales et législatives, à toutes les questions ouvrières. Elle procède au contraire d'un ensemble de mesures, dont la Commission du travail a assumé devant les Chambres la féconde initiative et qui visent à faciliter aux classes laborieuses et déshéritées, avec l'accession à la propriété comme but définitif, des conditions d'existence et de labeur plus douces.

3. — La législation de la saisie-arrêt telle qu'elle est régie par les art. 557 à 583 du Code de Procédure civile présentait en effet de très graves inconvénients lorsqu'elle portait sur les salaires et petits

traitements. Tout d'abord à raison des formalités nombreuses de cette procédure, il résultait des frais considérables de timbre, d'enregistrement, d'honoraires d'huissiers et d'avoué, qui, restant à la charge du débiteur, venaient s'ajouter à sa dette primitive et l'augmentaient dans une sensible proportion. Il arrivait souvent ainsi que pour une dette de 40 à 50 fr., le total des frais s'élevait au-delà de 100 fr. C'était là certainement un grave inconvénient auquel venait s'en ajouter un autre plus sérieux encore. En effet, aux termes de l'article 2092 du Code civil tous les biens du débiteur forment le gage général de ses créanciers. Il en résultait qu'un créancier pouvait faire saisir et vendre tous les biens de son débiteur pour se faire payer, et le réduire ainsi à la misère. C'était là ce qu'il y avait de plus contraire aux principes d'humanité. Le Code de Procédure avait cependant apporté à ce droit de poursuite une limitation très équitable : l'article 581 en effet déclare insaisissables les provisions alimentaires accordées en justice, ainsi que les sommes et pensions pour aliments, sauf dans certains cas énumérés à l'article suivant. L'article 592 du même Code déclare en outre insaisissables les outils servant à l'exercice de la profession du débiteur. C'est en s'inspirant de la même pensée que le législateur de la période intermédiaire avait restreint aussi dans de sages limites le droit de saisir les traitements de certains fonctionnaires de l'Etat. Une loi du 9 pluviose an III avait décidé que les traitements des fonctionnaires publics et employés civils de l'Etat ne seraient saisissables que jusqu'à con-

currence du cinquième sur les premiers 1.000 francs
et au-dessous, du quart sur les 5.000 francs suivants, et du tiers sur la portion excédant 5.000
francs, à quelque somme qu'elle s'élève.

Ces dispositions furent étendues soit par des ordonnances, soit par des décisions administratives
ou judiciaires aux traitements des fonctionnaires et
employés salariés par les administrations publi-
ques, tels que : instituteurs communaux, employés
d'octroi, cantonniers, secrétaires de mairie, etc.
Mais jamais elles n'ont été appliquées aux ouvriers
ni aux employés des établissements particuliers.

3 *bis*. — La jurisprudence il est vrai a cependant admis peu à peu quelques tempéraments à la
rigueur de la loi. Elle reconnaissait au juge le
droit de limiter les effets de la saisie autant que
l'exigeait la situation du débiteur. La Cour de
Cassation protesta tout d'abord contre cette jurisprudence par un arrêt de la Chambre des requêtes
du 22 novembre 1853 (1) qui déclare qu'aucune loi
spéciale n'a affranchi de la saisie-arrêt les salaires
des ouvriers. Mais malgré cette décision la jurisprudence continua à évoluer. Finalement, la Cour
de Cassation, gagnée à son tour, a consacré cette
jurisprudence par deux arrêts du 10 avril 1860 (2)
et du 29 juillet 1878 (3) en décidant qu'il appar-
tient aux tribunaux d'apprécier si les salaires ou
traitements pourraient être considérés comme
alimentaires, et affranchis à ce titre, soit pour
partie, soit pour le tout de la saisie-arrêt.

(1) Dalloz, 1853, 1, 321 ; Sivrey, 1854, 1, 31.
(2) Dalloz, 1860, 1, 166.
(3) Dalloz, 1879, 1, 22.

4. — En fait donc les ouvriers et employés se trouvaient protégés contre des poursuites excessives par une interprétation bienveillante de la loi par les tribunaux. Cependant cette situation n'était pas sans présenter certains dangers.

A raison de l'antagonisme existant entre la loi et cette jurisprudence, cette dernière ne pouvait être qu'arbitraire et par là même incertaine et variable.

Ainsi l'on voyait tel tribunal valider pour un cinquième une saisie-arrêt de gages et salaires, alors que tel autre ne la validait que pour un huitième, tel autre pour un dixième seulement. Il y avait là quelque chose de choquant. La nécessité d'une règle fixe, d'un principe régulateur s'imposait donc.

M. Regismanset l'a très bien fait comprendre dans le rapport qu'il a présenté au Sénat, au moment de l'élaboration de la loi nouvelle, et auquel nous empruntons le passage suivant : « Si les tribunaux, a-t-on objecté, ont la faculté d'apprécier le caractère alimentaire des salaires, pourquoi ne laisse-t-on pas aux juges cette fixation d'une part pouvant être saisie, part qui varie suivant les cas, les habitudes, les professions, les milieux et qui peut être examinée à des points de vue si divers qu'on pourrait soutenir que chaque espèce comporte sa solution spéciale ? Ne serait-ce pas là la vraie justice ? Sans doute l'objection est sérieuse, mais alors autant de saisies, autant de procès ! Et pendant la durée du procès, le salaire est retenu, la famille meurt de faim, l'ouvrier découragé quitte son travail, le créancier perd son débiteur et les frais de la consultation équitable absorbent le salaire saisi ! Plus ou moins ce résultat sera atteint, si le procès dure quelque peu, ce qui est normal, et la Commission a été d'avis d'adopter les principes de la réglementation.

En effet, qu'on se place au point de vue de l'intérêt du débiteur ou de celui du créancier, n'est-ce pas améliorer leur situation respective que de fixer par avance dans la loi la portion saisissable du salaire ? L'accord se fera ou pourra se faire immédiatement entre eux sur la somme à retenir et sur la garantie à donner. Et s'il est aisé de critiquer par avance le caractère absolu de la réglementation légale, mieux vaut encore cela qu'un procès, dont les frais, les lenteurs et les dérangements doivent finir par absorber l'intérêt en jeu. Vous craignez, dites-vous, d'atteindre, de diminuer le crédit de l'ouvrier, il sera simplement limité, mais en somme il sera assuré dans une limite raisonnable et sagement mesurée aux ressources. »

5. — Les législations étrangères nous avaient d'ailleurs devancé dans cette voie de la réglementation.

En Allemagne la loi du 21 juillet 1869 déclare le salaire incessible et insaisissable pour les ouvriers et gens de service.

En Autriche, la loi du 29 avril 1873 intitulée : « loi concernant les mesures conservatoires et d'exécution sur les rémunérations des ouvrages ou services professionnels », modifiée par la loi du 26 mai 1888, a déclaré insaisissables les salaires ne dépassant pas 800 florins (1).

______

(1) *Ann. Lég. Etrang.*, année 1873, p. 242, et année 1888, p. 435.

En Belgique la loi du 18 août 1887 limite au cinquième la quotité saisissable, et aux deux cinquièmes la quotité cessible des salaires des ouvriers et gens de service et des appointements des commis inférieurs à 1.200 francs par an. Il y a néanmoins exception pour les causes déterminées par les articles 203, 205, 214 du Code civil (1). Dans ce pays la réforme était urgente, car la jurisprudence avait refusé d'admettre qu'une partie des salaires des ouvriers pût être déclarée insaisissable par les tribunaux, à raison de son caractère alimentaire.

En Hongrie la loi du 1er juin 1881 déclare le salaire saisissable pour 1 fr. 50 par jour, et la cession ne peut se faire au-delà de 500 florins.

En Suisse un projet de loi fédérale de 1886 déclare insaisissable les salaires et traitements en deçà de 150 francs par mois.

En Suède d'après la procédure éxécutive du 10 août 1877, ils ne sont saisissables qu'après leur échéance.

En Espagne, les appointements, gages, salaires inférieurs à 24 reaux (6 francs) par jour ne sont pas saisissables.

En Russie, si l'ouvrier est marié, un quart du salaire est saisissable seulement; s'il n'est pas marié, on peut retenir un tiers.

Au Canada une loi du 30 juin 1881, déclare insaisissable pour moitié le salaire des ouvriers travaillant à la journée et payés par jour, par semaine ou par mois. Elle est complétée par

(1) *Ann. Lég. Etrang.*, année 1887, p. 611.

une loi du 12 juillet 1888 réglementant la procédure de distribution des sommes saisies-arrêtées.

Enfin la province de Quebec exempte, par acte du 30 juin 1881 de la saisie, la moitié des gages des journaliers.

Comme l'on voit la France a été le dernier pays qui soit entré dans la voie de l'insaisissabilité d'une partie du salaire des ouvriers et petits employés. Ce n'est que dix et même vingt ans après les autres puissances, qu'elle a fini par imiter la législation étrangère. La loi de 1895 a donc été inspirée par l'exemple des pays étrangers.

6. — On peut résumer les grandes lignes de cette loi dans les propositions suivantes :

1° Elle déclare insaisissables au-dessus du dixième sauf pour dettes alimentaires, les salaires des ouvriers et gens de service, quel que soit le chiffre de ces salaires, et les traitements des commis, employés et fonctionnaires, qui ne dépassent pas 2.000 francs par an.

2° Elle les déclare incessibles au-delà d'un autre dixième.

3° Elle simplifie la procédure ordinaire de saisie-arrêt et de distribution par contribution par la substitution du juge de paix à la juridiction de droit commun, et par la distribution rapide et peu coûteuse des deniers saisis-arrêtés.

7. — Avant d'en aborder l'étude, nous allons indiquer dans un court exposé quels en ont été les travaux préparatoires.

Depuis longtemps l'importante question des voies d'exécution sur les salaires était posée. Dès le 12 décembre 1885, M. Bruyeyelles déposait sur

le bureau de la Chambre des Députés une proposition de loi abrogeant la loi du 21 ventôse an IX,
et étendant à tous les ouvriers et employés le
bénéfice de l'article 580 du Code de Procédure
Civile (1).

En 1886, MM. Laur, Basly et Boyer déposèrent
une nouvelle proposition tendant à déclarer
insaisissables et incessibles les traitements ou
salaires ne dépassant pas 5 francs par jour ou
150 francs par mois. Exception était faite pour les
saisies et cessions concernant le paiement de dettes
alimentaires (2).

Une troisième proposition émanant de M. Jac-
quemart, portait un principe que toute saisie-arrêt
sur salaires dûs ou sur appointements ne dépassant pas annuellement 2000 francs ne frapperait
que le dixième : « la saisie-arrêt sera autorisée par
le juge de paix du domicile du créancier, et ce juge
ne pourra en autoriser qu'une seule. Le même
magistrat procédera sans formalités judiciaires et
dans les délais fixés dans le projet à la distribution
des fonds saisis (3) ».

Le 5 décembre 1889, M. Thellier de Poncheville
déposait un nouveau projet, qui portait : « 1° les
salaires des ouvriers ne dépassant pas une
moyenne de 3 francs par jour de travail sont insaisissables. — 2° les salaires de cette catégorie ne
peuvent être cédés que jusqu'à concurrence du
cinquième. — 3° les salaires d'une importance
supérieure à 3 francs par jour peuvent être saisis

(1) *J. Off.*, 1886, *Doc. Parl.*, Ch. annexe 205, p. 668.
(2) *J. Off.*, 1887, *Doc. Parl.*, Ch. annexe 2006, p. 517 et s
(3) *J. Off.*, 1890, *Doc. Parl.*, Ch. annexe 167, p. 333 et s.

pour un cinquième et cédés pour deux cinquièmes. — 4° les appointements des employés et commis sont entièrement saisissables et cessibles pour un cinquième lorsqu'ils ne dépassent pas 100 francs par mois : au-delà de ce chiffre ils peuvent être saisis pour un cinquième et cédés pour deux cinquièmes » Ce projet ne s'occupait pas de la procédure de saisie, ni de celle de distribution des deniers saisis-arrêtés au cas de plusieurs saisies (1).

Un autre projet fut déposé par M. Loustalot et portait que les traitements et salaires payés par mois et ne dépassant pas 60 francs étaient insaisissables.

Le 10 juin 1891, on aborda la discussion de la Loi. Le Gouvernement en demanda la remise et l'ajournement fut voté en attendant un projet que M. Jules Roche, alors ministre du commerce et de l'industrie, devait dépc ser en son nom.

Ce projet fut déposé le 16 juin suivant : il disposait : « 1° les salaires des ouvriers, gens de service et employés doivent être payés au moins deux fois par mois en monnaie métallique. — 2° les salaires, à quelque somme qu'ils puissent monter, ne peuvent être saisis que jusqu'à concurrence du dixième : il en est de même des appointements des employés, lorsqu'ils ne dépassent pas 2.400 fr. par an, l'excédent étant saisissable pour le tout. — 3° Cessibilité des salaires et traitements à concurrence d'un dixième. — 4° Retenue d'un autre dixième par le patron, s'il a fait des avances en

---

(1) *J. Off.*, 1890, *Doc, Parl.*, Ch. annexe 143, p. 268.

espèces — 5° Procédure modifiée dans un sens très large : juge de paix du domicile du débiteur saisi compétent pour autoriser la saisie, la valider et procéder à la distribution (1) ».

Enfin le 29 février 1893, MM. Chiché, Jourde et Aimel, déposèrent un projet portant « que les salaires ou appointements des ouvriers, employés etc. ne sont saisissables que jusqu'à concurrence du cinquième, si ces salaires ne dépassent pas 1.000 francs ; au-delà ils sont saisissables pour le quart sur les 5.000 francs suivants et pour le tiers sur la portion excédant 6.000 francs, à quelque somme qu'elle s'élève. Enfin le tiers-saisi devra, nonobstant toute opposition, payer à l'ouvrier la partie de son salaire déclarée insaisissable. Pas de modification touchant la procédure à suivre, soit pour la saisie-arrêt, soit pour la distribution des deniers (2) ».

Il faut mentionner en dernier lieu une proposition de M. Plichon du 30 novembre 1893, qui était sensiblement la même que la précédente.

8. — C'est dans ces conditions, que l'urgence ayant été déclarée sur la demande de M. Vival, rapporteur du projet présenté par le Gouvernement, la discussion fut abordée devant la Chambre le 27 juin 1893. Dans cette séance la Chambre adopta le projet définitivement. Il fut ensuite transmis au Sénat, qui le discuta dans la séance du 29 juin 1894 et y apporta quelques modifications. Il revint ensuite devant la Chambre le 27 décem-

(1) *J. Off.*, 1891, *Doc. Parl.*, Ch. annexe 1506, p. 1430.
(2) *J. Off.*, 1893, *Doc. Parl.*, Ch. annexe 2068, p. 168.

bre suivant : celle-ci ratifia les amendements apportés par le Sénat, et la loi fut définitivement votée. Elle fut promulgée le 12 janvier 1895 et parut à *l'Officiel* le 20 du même mois.

9. — Ce court exposé terminé, nous arrivons à l'étude de la loi, que nous diviserons en trois parties.

Dans la première partie nous étudierons quelles sont les conditions de validité de la saisie-arrêt d'après la loi nouvelle.

Dans une deuxième partie nous examinerons les règles nouvelles établies pour la procédure de saisie-arrêt, et nous indiquerons quels sont les effets de la saisie-arrêt.

Enfin dans la dernière partie, nous étudierons de quelle manière se fait distribution entre les créanciers des deniers saisis-arrêtés.

PREMIÈRE PARTIE

CONDITIONS DE VALIDITÉ DE LA SAISIE-ARRÊT

10. — La saisie-arrêt de droit commun peut être définie ; une défense faite sous la forme d'exploit d'huissier par un créancier au débiteur de son débiteur de payer à celui-ci la somme qu'il lui doit.

La saisie-arrêt, prévue par la loi nouvelle, est une injonction faite en vertu de l'autorisation du juge de paix ou du visa du greffier sous la forme d'un exploit d'huissier par un créancier au patron d'un employé ou d'un ouvrier de retenir à celui-ci un dixième du traitement qu'il lui doit ou devra.

11. — On a beaucoup discuté sur le point de savoir quelle est la nature de la procédure de saisie-arrêt ? Si c'est un acte purement conservatoire, ou au contraire une voie d'exécution ?

La question a en effet un intérêt pratique important relativement à la capacité nécessaire pour faire une saisie-arrêt. Si on la considère en effet comme un acte purement conservatoire, aucune capacité spéciale ne sera nécessaire. Si on la considère au contraire comme une voie d'exécution, il faudra pour pouvoir la faire, avoir la capacité d'ester en justice.

Les deux systèmes ont été soutenus ; mais aujourd'hui la jurisprudence admet un troisième système intermédiaire entre les deux autres. Elle divise la procédure de saisie-arrêt en deux phases : la saisie-arrêt proprement dite, c'est-à-dire la défense faite par le saisissant au tiers-saisi de payer entre les mains de son débiteur, et la demande en validité de saisie-arrêt. Elle considère la saisie-arrêt proprement dite, comme une mesure purement conservatoire, puisqu'elle a seulement pour but de sauvegarder les droits du saisissant ; et la demande en validité comme une mesure d'exécution, car elle tend à obliger le tiers-saisi à vider ses mains entre celles du saisissant (1).

Il y a même une opinion qui attribuerait à la saisie-arrêt le caractère de mesure conservatoire non seulement jusqu'à la demande en validité, mais encore jusqu'au jour du jugement de validité. C'est dans ce sens que s'est prononcée la Cour de Cassation dans sa jurisprudence la plus récente (2).

12. — Les conditions de validité de la saisie-arrêt se réfèrent à deux points principaux, qui sont de savoir :

1° Quelles personnes peuvent intervenir dans la saisie-arrêt ?

2° Quelles choses peuvent en être l'objet ?

Cette décision toute naturelle est celle que nous adopterons pour l'étude de cette première question.

(1) Cass. 23 mars 1868, D. 68, 1, 369 ; voir dans ce sens Gaisonnet, *Traité de proc. civ.*, tome III, n° 635.

(2) Cass. 28 décembre 1880, et 10 juillet 1881. D 82, p. 307 et 377.

CHAPITRE PREMIER

DES PERSONNES QUI PEUVENT FIGURER DANS LA
SAISIE-ARRÊT RÉGIE PAR LA LOI NOUVELLE

11. — La saisie-arrêt est une opération juridique qui met en présence trois personnes : le créancier saisissant, le débiteur saisi, et la personne entre les mains de laquelle la saisie est pratiquée, ou tiers-saisi.

Nous aurons donc à ce sujet à étudier successivement les trois questions suivantes :

1° Qui peut faire la saisie-arrêt ?

2° Sur qui peut-elle être faite ?

3° Entre les mains de qui peut-on la faire ?

SECTION I

DU CRÉANCIER SAISISSANT

12. — La loi du 12 janvier 1895 n'a posé au sujet des personnes, qui peuvent pratiquer la saisie-arrêt, aucune règle spéciale : il faut donc sur ce point s'en référer purement et simplement au droit commun. Or, en droit commun, pour pouvoir pratiquer une saisie-arrêt, il faut trois conditions :

1° Etre créancier ;

2° Avoir une créance certaine, liquide et exigible ;

3° Etre muni d'un titre ou à défaut être autorisé par le juge.

Nous allons examiner ces diverses conditions, au point de vue de leur application dans la loi nouvelle.

13. — I. *Il faut tout d'abord et il suffit d'être créancier :*

1° *Il faut être créancier.* Il y a lieu d'ajouter créancier d'une des personnes visées par la loi nouvelle et qui sont : les ouvriers et gens de service, les employés, commis et fonctionnaires.

Il doit donc exister un lien d'obligation personnelle entre celui qui veut faire la saisie-arrêt, et la personne à l'encontre de laquelle il se propose de la pratiquer. Il résulte de là qu'un droit réel ne peut jamais servir de base à la saisie-arrêt.

14. — Il n'est pas nécessaire que ce lien personnel soit né directement entre le créancier saisissant et le débiteur saisi : les ayants-cause directs ou indirects de la personne en faveur de laquelle est née l'obligation peuvent, aussi bien qu'elle aurait pu le faire, pratiquer une saisie-arrêt.

15. — Quant à la question de savoir, si la saisie-arrêt peut être faite par mandataire, elle n'est pas discutée. On admet unanimement qu'un mandat spécial et même qu'un mandat général donne le droit de pratiquer une saisie-arrêt.

16. — Il faut aussi, outre la qualité de créancier, avoir la capacité nécessaire. Cette question se résout facilement à l'aide des principes que nous avons posés plus haut, au sujet de la nature de la saisie-arrêt. Comme elle n'est à son origine qu'une mesure conservatoire, elle pourra être

faite par toute personne même incapable d'agir
elle-même en justice. C'est ainsi, en tant du moins
qu'elle aura pour but de conserver les droits du
créancier, qu'elle pourra être faite par un mineur,
un interdit, une femme mariée non autorisée.
Mais quand il s'agira d'assigner en validité, c'est-
à-dire dans le système de la loi nouvelle, de requérir la convocation des parties aux fins de validité
de la saisie, il faudra que le saisissant ait la capacité nécessaire pour ester en justice. En conséquence, dans ce cas, le mineur, l'interdit, la femme
mariée ne pourront agir seuls, mais devront être
représentés ou autorisés suivant les règles de droit
commun.

17. — 2° *Il suffit d'être créancier*. Peu importe
donc que l'on soit créancier privilégié, créancier
hypothéquaire, ou créancier simplement chiro-
graphaire.

Peu importe aussi quelle est la cause de la
créance. Que ce soit les fournisseurs de l'ouvrier,
que ce soit le propriétaire de la maison qu'il loue,
que ce soit son patron, le droit reste le même.

18. — II. *Il faut en second lieu avoir une créance
certaine, liquide et exigible :*

En principe en matière de saisie-arrêt on ne
considère ni l'origine, ni l'importance de la créance.
Il faut cependant pour qu'une créance puisse
servir de base à la saisie-arrêt qu'elle revête certains caractères indispensables qui sont :

1° La certitude ; 2° La liquidité ; 3° L'exigibilité.

19. — 1° *La créance doit être certaine*. Une créance
est certaine lorsque son existence n'est pas susceptible d'une contestation sérieuse. Le législateur,

.en exigeant la certitude de la créance, ne dit pas qu'elle doit être nécessairement incontestée, sans quoi aucune saisie-arrêt n'eût été possible, si le débiteur avait pu la faire tomber en contestant pour une cause quelconque le droit du créancier.

Le juge, auquel l'autorisation de saisie-arrêt est demandée, jouit donc du pouvoir d'appréciation le plus large au sujet, non seulement de l'évaluation provisoire du quantum de la créance, mais encore au sujet de sa certitude (1).

Le greffier lui doit accorder son visa sans s'occuper s'il pourra ou non s'élever une contestation sur l'existence de la créance.

20. — Du principe que la créance doit être certaine, il résulte qu'une créance purement éventuelle ne peut servir de base à la saisie-arrêt. Et une saisie pratiquée en vertu d'une créance de cette nature serait radicalement nulle. Il en serait ainsi d'une saisie-arrêt faite en vertu de la créance résultant d'un compte en cours, dont la balance n'a pas été faite, ou d'un compte non encore apuré, lors même que la balance ou la liquidation serait dans la suite établie en faveur du saisissant, avant le jugement de validité. Cependant certains arrêts de la Cour de Cassation ont admis que la saisie-arrêt faite à titre de simple mesure conservatoire, en vue d'un compte à régler, était valable lorsque le juge avait, dans l'autorisation à lui demandée, évalué provisoirement le quantum de la créance (2).

(1) Paris, 30 juillet 1889, *Gaz. Pal.*, 1889, 2, 337.
(2) Cass. 29 octobre 1890, *Gaz. Pal.*, 1890, 2, 707.

21. — Une créance éventuelle ne pouvant servir de base à la saisie-arrêt, on en a conclu que le créancier d'une pension alimentaire ne peut saisir-arrêter le capital nécessaire pour assurer le service de sa pension, tant que son droit n'a pas été sanctionné par le Tribunal compétent.

Il faut donner la même solution en ce qui concerne la créance pouvant résulter d'une condamnation éventuelle à des dommages-intérêts, à intervenir au profit de la victime d'un accident contre l'auteur de cet accident. Et aussi celle pouvant résulter d'une condamnation comminatoire, c'est-à-dire la condamnation à des dommages-intérêts pour chaque jour de retard dans l'exécution d'une obligation. Rien n'est moins certain en effet que ces créances, dont l'existence et la quotité sont subordonnées à des conditions de fait très variables et très changeantes.

22. — Il faut aussi déduire du principe que la créance doit être certaine, qu'une créance simplement conditionnelle ne peut servir de base à une saisie-arrêt, tant que l'évènement, qui fait l'objet de la condition ne s'est pas réalisé. Une saisie-arrêt faite dans ces conditions devrait être déclarée nulle, alors même que l'évènement se réaliserait au cours de l'instance en validité. La Cour de Cassation a admis cependant, que l'on peut former une saisie-arrêt pour sûreté d'une créance conditionnelle, par exemple une créance sous condition suspensive, pourvu qu'elle existe seulement en germe, au moment où l'instance est introduite, et cela par application de l'article 1180 du Code

Civil (1). Mais cette manière de voir n'a pas prévalu, avec raison, à notre avis.

23. — 2° *La créance doit être liquide.* Une créance est liquide lorsqu'elle est déterminée quant à sa quotité.

Le législateur de 1895 ne s'est pas montré très rigoureux sur ce point, car il donne expressément, dans l'article 7 de la Loi, pouvoir au juge de paix, en donnant son autorisation, d'évaluer provisoirement la somme pour laquelle la saisie-arrêt sera formée. Il en est de même d'ailleurs en droit commun ; l'article 559 du Code de Procédure Civile accorde en effet aussi ce pouvoir au juge compétent pour donner l'autorisation de former la saisie-arrêt, lorsque le créancier n'a pas de titre.

24. — Il semble résulter du texte de cet article 559, que c'est seulement, lorsque le créancier n'a pas de titre, et qu'il est obligé de demander l'autorisation du juge, que ce dernier peut fixer le quantum de la créance, quand elle n'est pas liquide. Mais il est admis que cette conséquence résulte d'un défaut de rédaction de l'article, et que dans tous les cas, qu'il y ait ou non titre, le juge peut fixer provisoirement le quantum de la créance, quand elle n'est pas liquide.

25. — 3° *La créance doit être exigible.* Une créance est exigible, quand le créancier peut en exiger immédiatement le paiement. Cette condition se comprend très bien, car si l'on pouvait pratiquer une saisie-arrêt en vertu d'une créance

____

(1) Cass. 15 décembre 1868, S. 1869, 1, 84.

non exigible, ce serait priver le débiteur du béné-fice du terme.

Si cependant le terme avait été stipulé en faveur du créancier, ou si le débiteur avait perdu le bénéfice du terme dans les cas prévus par l'article 1188 du Code Civil, ce principe cesserait d'être applicable.

En ce qui concerne le terme de grâce, la jurisprudence admet, qu'il ne fait pas obstacle à la saisie-arrêt (1).

26. — III. *Il faut en troisième lieu être muni d'un titre ou à défaut de titre être autorisé par le juge compétent* :

Sur ce point nous nous bornerons simplement pour le moment à en faire mention, nous réservant de donner à ce sujet les développements nécessaires, lorsque nous traiterons de l'autorisation du juge de paix et du visa du greffier (2).

SECTION II

DU DÉBITEUR SAISI

27. — Aux termes du droit commun, contenu dans l'article 557 du Code de Procédure Civile ; « tout créancier peut saisie-arrêter les sommes et effets appartenant à son débiteur. » Il faut donc pour qu'une personne puisse être l'objet d'une saisie-arrêt qu'elle soit tenue personnellement envers le saisissant.

(1) Trib. de la Seine 27 janvier 1885, *Journal : le Droit*, 1885, p. 29.

(2) Voir sur ce point n°s 140 et suivants.

Ce principe reste également vrai dans la loi nouvelle. Il en est de même des règles du droit commun sur la capacité nécessaire pour être débiteur saisi. La saisie-arrêt frappe aussi bien les mineurs, les interdits et les femmes mariées que les personnes capables, sauf naturellement à appeler dans l'instance en validité les représentants légaux de ces incapables, ou les personnes, qui doivent les autoriser ou les assister.

28. — Ces principes généraux étant rappelés, étudions maintenant quelles sont les personnes, qui dans la loi nouvelle, peuvent être débiteur saisi.

29. — Aux termes de l'article 1er « les salaires des ouvriers et gens de service ne sont saisissables que jusqu'à concurrence du dixième, quel que soit le montant de ces salaires.

« Les appointements ou traitements des employés ou commis et des fonctionnaires ne sont également saisissables que jusqu'à concurrence du dixième, lorsqu'ils ne dépassent pas 2.000 francs par an. »

La loi nouvelle distingue donc deux catégories de salariés : à la première, elle applique ses dispositions, quelque soit le montant de leur salaire ; à la seconde au contraire, elle ne les applique, que si le montant du salaire ne dépasse pas 2.000 francs par an. Dans la première catégorie, elle range : les ouvriers et gens de service ; et dans la seconde : les employés, commis et fonctionnaires.

24. — Nous ne rencontrons pas de disposition analogue dans la loi autrichienne du 29 avril 1873.

La portée de cette loi est générale ; elle s'applique aux « rémunérations des ouvrages ou services professionnels » sans distinction.

La loi belge du 18 août 1887 admet au contraire une classification semblable à celle de notre loi. Elle distingue d'une part « tous les ouvriers et gens de service », et d'autre part « les employés ou commis pour autant que leurs appointements ne dépassent pas 1.200 francs par an. »

25. — La raison de la distinction établie par notre loi s'aperçoit facilement. C'est qu'en effet les salaires des ouvriers sont essentiellement variables ; ils sont susceptibles de subir des fluctuations constantes, à raison de la maladie, de la grève et du chômage. Le législateur ne pouvait donc subordonner l'application de la loi à la condition suivante : c'est qu'ils ne dépasseraient pas une somme déterminement fixe. Cette difficulté n'existait pas au contraire au regard des employés et fonctionnaires, dont les traitements ou appointements sont fixes et peuvent être facilement évalués.

26. — Mais que faut-il entendre, au sens de la loi de 1895 par ouvriers et gens de services d'une part, et de l'autre, par employés, commis et fonctionnaires ?

Pour résoudre cette importante question, il faut, et c'est là l'opinion généralement admise, s'inspirer par voie d'analogie de la jurisprudence établie sur le sens de ces mots par l'article 5 § 3 de la loi de 1838 sur la compétence des juges de paix à l'égard des ouvriers et gens de service. D'autres lois peuvent aussi à cet égard donner des renseignements importants : par exemple la loi du 5 avril 1884 sur l'organisation municipale ; la loi du 6 février 1895 sur le privilège des commis et gens de service, et aussi la loi du 27 décembre 1890 sur le louage des domestiques et ouvriers. Il faut cependant toutefois se garder sur ce point d'une assimilation complète et absolue, chacune de ces lois ayant par ailleurs un champ d'action, qui leur est propre.

27. — 1° *Des ouvriers*. On appelle ouvriers au sens ordinaire du mot, tous les travailleurs manuels, qui produisent une richesse, sous la direction et à la surveillance d'un patron, et moyennant une rémunération fixe et certaine, que l'on désigne d'ordinaire sous le nom de salaire.

28. — Le premier caractère distinctif de l'ouvrier est donc de travailler sous la direction et la surveillance d'un patron.

29. — Il se distingue par là de ce qu'on appelle : l'artisan. L'artisan en effet travaille sous sa propre direction. Il reçoit du travail, et il l'exécute comme bon lui semble et quand bon lui semble, sans subir l'impulsion et le contrôle du patron.

29 *bis*. — Ainsi le tailleur, qui va chez un particulier confectionner un vêtement, sous la direction et la surveillance de ce particulier, est un ouvrier ; tandis que le tailleur, qui, chez lui, en dehors de toute direction et surveillance, confectionne un habit pour un particulier, est un artisan.

30. — Il ne faudrait pas cependant faire rentrer dans la catégorie des artisans, certains ouvriers, comme les mécaniciens, les décorateurs, qui bien

qui travaillant librement et sans surveillance
patronale, n'en sont pas moins attachés à un ou
plusieurs patrons. Il en est le plus souvent ainsi
des petites industries, qui existent en chambre à
Paris et dans les grandes villes.

31. — Il ne faut pas s'attacher non plus pour
distinguer l'ouvrier de l'artisan, au point de
savoir, si le travail est exécuté dans un local
appartenant au patron. Peu importe l'endroit où
s'exécute le travail. Lors même que l'ouvrier
travaillerait chez lui, il n'en conserverait pas
moins sa qualité, pourvu que l'on retrouve en
lui les caractères distinctifs, que nous avons
indiqués.

Peu importe aussi le patron, sous les ordres
duquel travaille l'ouvrier, que ce soit un simple
particulier, ou une personne morale, comme une
société, l'État, le département, un établissement
public.

32. — Doit-on faire rentrer dans la catégorie
des ouvriers, les tacherons ou marchandeurs,
c'est-à-dire ceux, auxquels les entrepreneurs
s'adressent pour faire exécuter une partie du
travail qu'ils ont entrepris. Les tâcherons existent
surtout dans l'industrie du bâtiment.

A notre avis, les tâcherons ou marchandeurs,
quoique se rapprochant de l'ouvrier sur certains
points, puisque comme lui, ils travaillent sous la
direction et la surveillance d'un patron, et reçoivent un salaire déterminé, s'en distinguent cependant, et se rapprochent du patron, par ce fait,
qu'ils dirigent eux-mêmes des ouvriers et les
payent. Ils ont donc, suivant nous, un caractère

mixte, et l'on doit décider que la loi nouvelle ne leur est pas applicable.

33. — Le mécanicien d'une compagnie de chemin de fer est-il un ouvrier? C'est notre avis. Sans doute son travail implique un certain degré d'intelligence, mais il ne diffère en aucune façon de celui qui, dans une usine, est préposé à la conduite d'une machine quelconque.

34. — Le second caractère distinctif de l'ouvrier est de recevoir en rémunération de son travail un salaire fixe et certain.

Il se distingue par là des personnes, qui travaillent à leurs risques et périls, sans savoir à l'avance s'ils seront rémunérés de leur travail. Il en est ainsi des entrepreneurs en général.

35. — La loi nouvelle doit-elle s'appliquer aux ouvriers groupés en associations coopératives? Nous ne le pensons pas, c'est qu'en effet en se groupant ainsi, ils se dépouillent de leur qualité d'ouvriers pour prendre celle de patron. Ils travaillent tous suivant leur propre impulsion, et la rémunération, qu'ils reçoivent pour prix de leur travail, n'est plus à proprement parler un salaire, c'est une part dans le profit réalisé par l'entreprise.

Cette solution est peut-être regrettable, mais nous ne croyons pas que l'on puisse, en présence des termes mêmes de la loi nouvelle, leur en faire application.

36. — 2° *Des gens de service.* On appelle gens de service ou domestiques toute personne spécialement attachée à une maison ou à un patron, qui le loge et le nourrit, et dont l'occupation consiste

à exécuter les travaux manuels de la maison, moyennant une rémunération que l'on désigne ordinairement sous le nom de gages.

Il est intéressant de faire remarquer que c'est à dessein que l'article premier rapproche les gens de service des ouvriers. Il y a en effet entre eux une grande analogie, à raison même des travaux qu'ils exécutent. Les premiers en effet font un travail manuel, les seconds rendent des services manuels.

On peut ainsi ranger dans la catégorie des gens de service, les femmes de ménage, les valets de chambre, les garçons de bureau, de ferme, d'écurie, les laquais, etc.

37. — En ce qui concerne les nourrices, il faut faire une distinction, suivant qu'elle habite chez son maître, ou au contraire qu'elle élève son nourrisson chez elle et à sa guise. Dans le premier cas seulement elle devra être considérée comme domestique, car on retrouve bien en elle le caractère de subordination, qui est totalement absent dans le second cas.

On peut d'ailleurs en faveur de cette opinion ajouter un argument de texte, qui résulte de la loi du 23 décembre 1874, sur la protection des enfants du premier âge. En effet l'article 2101 du Code civil, alinéa 4, accorde un privilège aux gens de service pour le paiement de leurs gages ; les nourrices sur lieu, qui seules doivent être considérées comme gens de service bénéficiaient donc de ce privilège. C'est donc seulement pour les autres nourrices, c'est-à-dire celles qui élèvent leur nourrisson chez elles, et pour rendre leur situation aussi favorable que celle des nourrices sur lieu, que la loi de 1874, est venue déclarer privilégiés les frais occasionnés par les nourrissons. C'est donc là une preuve certaine que les nourrices, qui élèvent leur nourrisson chez elles ne rentrent pas dans la catégorie des gens de service.

38. — Une difficulté est née aussi au sujet des gardes particuliers. Doivent-ils être considérés comme gens de service ou non ? La raison de la controverse, c'est qu'à certains points de vue les gardes particuliers se distinguent énormément des gens de service, en ce sens qu'ils sont dans une certaine mesure dépositaires de la puissance publique en leur qualité d'auxiliaires de la justice répressive et d'officiers de police judiciaire. Mais d'un autre côté ils s'en rapprochent par le fait qu'ils sont néanmoins sous la dépendance d'un patron. Suivant nous il faut les ranger dans la catégorie des gens de service, car leur caractère dominant est celui que nous avons indiqué en dernier lieu, le premier n'en étant qu'une conséquence accidentelle.

39. — Comme pour les ouvriers, il n'y a pas lieu, en ce qui concerne les gens de service, de s'occuper, si le maître, qui les emploie, est ou non un simple particulier.

40. — 3° *Des employés ou commis*. Les employés ou commis, ce sont toute personne qui, attachée à une maison ou à un patron, ont une occupation plutôt intellectuelle que manuelle.

41. — L'employé ou commis n'est plus comme l'ouvrier, astreint à des travaux manuels ; il a une

fonction, il joue un rôle ; et tout en agissant sous la direction d'autrui, il n'en a pas moins une certaine initiative, une certaine liberté d'action. Mais il se rapproche cependant de l'ouvrier à beaucoup de points de vue, parce que, comme lui, il travaille sous la direction et la surveillance d'un patron, et reçoit en rémunération de son travail un salaire fixe et certain.

On peut ranger dans cette catégorie : les employés de commerce, les secrétaires, clercs, commis-voyageurs, etc.

42. — Est-ce que les courtiers et commissionnaires en marchandises sont des employés ? Il faut répondre négativement, et cela ressort nettement des travaux préparatoires de la loi du 6 février 1895, modification de l'article 549 du Code de commerce. Le courtier est en effet un individu, qui fait des actes de commerce pour son propre compte, qui par suite a la qualité de commerçant, et est assujetti à la patente ; il a une position absolument indépendante ; il peut être mis en faillite ou déclaré en état de liquidation judiciaire. C'est en somme un véritable patron.

Il en est de même des représentants de commerce, qui, bien que se rapprochant un peu des commis-voyageurs, s'en distinguent par ce fait, que leur maison est ouverte à tous, qu'ils occupent des ouvriers et paient patente. Ce sont donc aussi des patrons.

43. — Quant au voyageur à la commission, c'est certainement un employé, parce qu'il travaille pour un patron et sous sa direction.

44. — Ce n'est pas cependant l'avis de M. Emion (1), qui lui, le considère comme un courtier. Cette doctrine ne nous paraît pas exacte. Le courtier, nous venons de le voir, est un véritable patron. Le commis-voyageur, lui au contraire, ne travaille pas pour son compte, mais pour celui d'un patron. Peu importe qu'il soit payé à la commission ou qu'il reçoive un traitement fixe ; il n'en est pas moins le commis du patron, pour lequel il vend, et dès lors il doit bénéficier des dispositions de la loi nouvelle.

45. — Un autre commentateur, M. Strauss (2), estime que l'on doit ranger le voyageur à la commission parmi les salariés dont le salaire n'est saisissable que pour un dixième quel qu'en soit le montant. En d'autres termes il assimile le commis-voyageur à l'ouvrier. Et il justifie son opinion en disant que le criterium que le législateur a adopté pour distinguer les ouvriers et gens de service des employés, commis et fonctionnaires, c'est tout simplement le caractère de fixité ou de variabilité du traitement. Les traitements variables comprenant la première catégorie des personnes visées dans l'article premier, et les traitements fixes comprenant la seconde. Or, dit-il, il est incontestable que le traitement du voyageur à la commission est essentiellement variable ; il doit donc être considéré comme un ouvrier. Nous verrons plus loin ce qu'il faut penser de ce raisonnement.

---

(1) Emion, *Commentaire de la loi du 12 janvier 1895*, § 29.
(2) Strauss, *Commentaire de la loi du 12 janvier 1895*, p. 30.

46. — Quant aux acteurs de théâtre, aux rédacteurs et reporters de journaux, nous pensons que l'on doit les faire rentrer dans la catégorie des employés. Ils présentent en effet tous les caractères que nous avons considérés comme distinctifs de cette classe de travailleurs. Ils exécutent sous les ordres d'un directeur et moyennant une rétribution déterminée, une besogne d'un ordre élevé, exigeant de l'intelligence.

C'est d'ailleurs ce qui a été décidé par un jugement du Tribunal civil de Montpellier, en date du 25 novembre 1895 (1), au sujet des choristes d'un théâtre.

La jurisprudence cependant a une tendance de plus en plus marquée à considérer les différentes personnes, dont nous venons de parler, comme des ouvriers, en disant que leurs engagements sont de véritables louages d'ouvrage ou d'industrie (2).

47. — On voit donc par ce qui précède, combien il est difficile d'établir une distinction nette et précise entre les ouvriers d'une part et les commis et employés d'autre part.

Est-il possible d'établir à ce sujet un criterium ?

D'après MM. Schaffauser et Chevresson, la durée des services loués, le montant du salaire et sa fixité, la périodicité et le mode de paiement ne doivent pas servir à établir la distinction. Suivant eux, le criterium doit être recherché dans la

____

(1) (D. 1897, 1, 44).

(2) Voir en ce sens : Cass. 24 janvier 1865 (D. 65, 1, 40) ; Cass. 19 août 1867 (D. 67, 1, 372) ; Toulouse 24 juin 1882 (D. 1884, 2, 140).

nature même des travaux exécutés « ces travaux consistent-ils dans une occupation manuelle, portent-ils sur une adoptation ou une transformation de choses matérielles, ceux qui les exécutent seront qualifiés ouvriers dans le sens du paragraphe 1er. On réserve la qualification d'employés ou de commis aux aides secondaires et amovibles d'un maître, à ceux qui coopèrent par leur intelligence, dans les diverses affaires de commerce, de finance, de pratique etc., où son activité s'exerce » (1). Ce criterium nous semble le meilleur que l'on puisse donner en cette matière très délicate, car il est impossible d'établir une distinction absolue entre les deux catégories de personnes visées par l'article 1er.

48. — Un autre commentateur de la loi nouvelle, M. Strauss, n'admet pas cependant ce criterium, qui, suivant lui, est contraire à l'esprit de la loi. Nous avons indiqué plus haut que, suivant lui, le législateur n'a eu en vue dans l'article premier, que la distinction entre les traitements fixes et les traitements variables, et qu'il a simplement voulu poser des règles différentes pour chacun d'eux, sans distinguer aucunement entre deux catégories de travailleurs, les ouvriers d'une part et les employés de l'autre (2).

Mais suivant nous, ce système doit être rejeté. La seule lecture du texte de l'article premier suffit à nous éclairer et à nous faire voir que l'interprétation de M. Strauss est arbitraire.

(1) Schaffauser et Chenesson, *Lois nouvelles*, année 1897, p. 41.

(2) Strauss, *Commentaire de la loi sur la saisie-arrêt des salaires*, p. 10.

49. — Il faut d'ailleurs faire remarquer que la loi nouvelle ayant été conçue dans un esprit de libéralisme, il faut l'interpréter dans un sens large, et en faire bénéficier le plus grand nombre possible de salariés. Donc, lorsqu'il y aura quelque doute sur le caractère de l'emploi occupé par une personne, il faudra lui appliquer les dispositions de la loi les plus favorables.

50. — Que faut-il décider au sujet des professions libérales ? Rentrent-elles dans les catégories visées par l'article premier ? La négative est généralement admise. On ne saurait, en effet, soutenir que lorsqu'un avoué s'engage à défendre une affaire, il y ait là un louage de services. Les économistes cependant l'ont soutenu. Mais, à notre avis, la question ne fait pas de doute. L'intelligence de l'homme, en effet, n'est pas dans le commerce, et le contrat, qui lie en l'espèce l'avoué à son client, doit être considéré non comme un louage d'ouvrage, mais comme un contrat innommé (1).

51. — Il n'est pas douteux cependant que si les membres de ces professions, telles que ; avoué, avocat, médecin, modifiant la nature juridique du contrat, qui intervient habituellement entre eux et leurs clients, s'engageaient, moyennant une rétribution fixée à l'avance, à fournir leurs services à une personne déterminée, il y aurait alors dans ce cas un véritable louage d'ouvrage.

Il en serait ainsi, par exemple d'un médecin, qui, moyennant une somme de tant par an payée

(1) Voir en ces vues Aubry et Rau, tome IV, § 344 et 371 *bis*.

3

par un patron, s'engagerait à soigner ses ouvriers. C'est d'ailleurs ce qui a été décidé par un jugement du Tribunal civil de Lille, en date du 8 juin 1896 (1), relativement au médecin d'un bureau de bienfaisance.

52. — La jurisprudence a aussi décidé que le traitement, alloué par une commune à un docteur en médecine chargé de constater les décès et des autres services municipaux d'une ville, n'est saisissable que jusqu'à concurrence du dixième, quand il est inférieur à 2.000 francs (2).

53. — 4° *Des fonctionnaires*. Ce mot de fonctionnaire doit-être, suivant nous, entendu dans un sens large, et comprend toutes les personnes, qui émargent au budjet de l'Etat, des départements ou des communes. Sont fonctionnaires en ce sens : les magistrats, les receveurs et comptables de deniers publics, les économes des lycées, les employés de préfecture, sous-préfecture, des portes, des octrois, les médecins, chirurgiens, internes et pharmaciens attachés au service d'un hospice civil, les professeurs, maîtres répétiteurs, et en général tous ceux, qui, sous le nom d'agents du Gouvernement, officiers de police judiciaire, dépositaires de l'autorité publique, agents de la force publique, coopèrent au gouvernement du pays ou à l'exécution des lois.

Mais on ne doit pas y comprendre les officiers ministériels, tels que notaires, avoués, avocats au Conseil d'Etat etc., qui, bien que désignés par

(1) *Gaz. du Pal.*, 1896, p. 119.
(2) Trib. civ., Narbonne, 26 Mai 1897, D. 1897, 1, 356.

le Gouvernement et exerçant leur profession dans l'intérêt public, ne sont des employés de l'Etat, puisqu'ils ne reçoivent aucun traitement.

54. — Les greffiers des Tribunaux sont-ils des fonctionnaires ? Suivant nous, ils ont un caractère mixte, ils sont à la fois fonctionnaires et officiers publics : Fonctionnaires puisqu'ils touchent un traitement de l'Etat ; Officiers publics, puisqu'ils rédigent des actes, qui leur sont payés par les particuliers, pour lesquels ils les rédigent. A leur égard donc la loi nouvelle ne sera applicable qu'au traitement qu'ils reçoivent de l'Etat, s'il ne dépasse pas 2.000 francs par an. Elle ne s'appliquera pas au contraire aux émoluments qu'ils touchent des particuliers pour les actes qu'ils rédigent ; ces émoluments ne peuvent être saisis qu'en suivant les règles de la saisie-arrêt du droit commun.

55. — Les officiers des armées de terre et de mer sont aussi des fonctionnaires. Des règles spéciales avaient été établies, antérieurement à la loi nouvelle, au sujet de la saisissabilité de leurs salaires. C'est ainsi que le décret du 11 août 1856, dans son article 250, déclare les traitements des officiers de la marine de l'Etat insaisissables pour le tout, sauf pour dettes alimentaires prévues aux articles 203, 205 et 214 du Code civil, et pour debet envers l'Etat. De même la loi du 19 pluviose an III dans son article premier déclare les traitements des militaires de l'armée de terre saisissables seulement pour un cinquième au delà de ce qui excède 600 francs. Désormais les dispositions de ces lois et décrets ne s'appli-

queront plus qu'au dessus de 2.000 francs ; au
dessous la loi nouvelle seule devra être appliquée.

56. — Quant aux ecclésiastiques, ministres du
culte catholique, ils ne peuvent être considérés
comme des fonctionnaires. S'ils sont rétribués par
l'Etat, c'est par suite d'une convention particulière
appelée : Concordat, qui ne constitue pas un
louage de service. Leurs traitements restent donc
régis, au point de vue, qui nous occupe, par
l'arrêté des Consuls du 18 nivose an XI, qui les a
déclaré insaisissables pour le tout. Il en est de
même des ministres des cultes protestant et
israëlite, dont les traitements ont été également
déclarés insaisissables par un arrêté du 15
germinal an XII.

SECTION III

DU TIERS-SAISI

57. — D'après le droit commun, la saisie-arrêt
peut être pratiquée entre les mains de toute personne, qui se trouve être à un titre quelconque
débitrice du saisi.

Il faut donc, pour que la saisie-arrêt soit valable,
tout d'abord, que la personne entre les mains de
qui on fait la saisie-arrêt soit personnellement
débitrice du saisi.

Par application de ce principe, il résulte que, si
le saisi fait partie d'une société, la saisie-arrêt
faite entre les mains des débiteurs de ses co-associés est nulle, car les débiteurs de ses co-associés

ne sont pas ses débiteurs propres. De même doit être déclarée nulle la saisie-arrêt faite entre les mains des débiteurs de la société, si la société a la personnalité morale, car son patrimoine est dans ce cas distinct de celui de ses membres, et ses débiteurs ne sont pas ceux des personnes qui la constituent.

58. — Il faut en second lieu, pour que la saisie-arrêt soit valable, que la somme que l'on veut saisir-arrêter se trouve entre les mains d'une tierce personne.

Cette condition avait soulevé dès le début une difficulté, qui est aujourd'hui tranchée, et qui est relative au point de savoir, si une personne, qui se trouve être à la fois créancière et débitrice d'une autre personne pouvait faire une saisie-arrêt entre ses propres mains. La doctrine et la jurisprudence admettent aujourd'hui l'affirmative d'une façon à peu près unanime.

59. — Voilà quels sont les principes de droit commun relativement au tiers-saisi. Ces principes reçoivent aussi leur application dans la loi nouvelle, mais avec des restrictions assez importantes, qu'il nous faut maintenant étudier.

60. — La loi nouvelle a en effet singulièrement restreint le champ d'application de la saisie-arrêt, en ce qui concerne le nombre et la qualité des personnes qui peuvent figurer dans cette procédure au titre de tiers-saisi. Une seule personne peut dans cette loi être tiers-saisi : c'est le patron, de même que peuvent seuls être débiteurs saisis : les ouvriers, gens de service, employés, commis et fonctionnaires.

61. — Le patron peut-être ou une personne physique ou une personne morale.

Lorsque le patron jouit de l'existence physique, c'est naturellement entre ses mains, que la saisie-arrêt doit être faite. Toutefois s'il avait un représentant légal, c'est entre les mains de ce représentant, que la saisie-arrêt devrait être pratiquée. C'est ainsi que la saisie-arrêt, formée sur des sommes dues par un mineur, doit être faite entre les mains de son tuteur ; pour celles dues par une femme mariée, entre les mains de son mari ; pour celles dues par un failli, entre les mains de son syndic ; pour celles dues par une personne en état de liquidation judiciaire, à la fois entre les mains du liquidateur et celles du liquidé, conformément aux dispositions de l'article 5 de la loi du 4 mars 1889, modifiée par la loi du 4 avril 1890.

Lorsqu'au contraire le patron est une personne morale comme une société de commerce, c'est entre les mains de celui qui est chargé d'administrer la société, que doit être formée la saisie-arrêt.

Pour les sociétés civiles, telles que syndicats, sociétés de secours mutuels etc., la saisie-arrêt sera faite entre les mains du président de la société.

62. — Toutefois la loi nouvelle a apporté sur ce point une grave dérogation aux principes du droit commun. Dans son article 6 *in-fine*, elle autorise en effet le créancier saisissant à opérer la saisie-arrêt non seulement entre les mains du patron ou de son représentant légal, mais aussi entre celles de son « représentant préposé au paiement des

salaires ou traitements dans le lieu ou travaille le débiteur saisi. »

Cette disposition de la loi nouvelle a soulevé un certain nombre de difficultés, il nous faut donc l'étudier très attentivement.

63. — Faisons tout d'abord remarquer que, comme toutes les dispositions, qui dérogent au droit commun, il faut dans tous les cas en faire une interprétation restrictive.

Une seconde observation très importante aussi, c'est que malgré que la signification de l'exploit de saisie-arrêt soit faite au représentant du patron, il ne devient pas tiers saisi au lieu et place de ce dernier. Le patron conserve la qualité de tiers-saisi, et les autres actes de la procédure doivent lui être notifiés à peine de nullité de cette procédure. C'est ainsi que le Tribunal de paix de Troyes, par un jugement du 11 septembre 1895 (1) a prononcé la nullité d'une procédure de validité de saisie-arrêt de salaires, parce que la convocation afin de déclaration affirmative des sommes dues par une compagnie de chemin de fer à l'un de ses employés, avait été adressée par le greffier au chef de gare du lieu, où travaillait le débiteur saisi et non au directeur de la compagnie.

64. — Le but que le législateur s'est proposé en édictant cette disposition de l'article 6, *in-fine* a été de faciliter les saisies-arrêts contre les ouvriers et employés des grandes villes.

65. — Mais que faut-il entendre par ces mots « représentant préposé au paiement des salaires

(1) D. 1897, 2, 43.

dans le lieu où travaille le débiteur saisi » ? Il faut entendre, suivant nous, la personne, qui a reçu de son patron le mandat spécial de gérer pour lui ses affaires et de payer le personnel occupé sous ses ordres dans un endroit déterminé.

Deux conditions sont donc nécessaires pour l'application de l'article 6 *in-fine* :

Il faut tout d'abord que le patron ait un représentant dans le lieu où travaille le débiteur saisi.

Il faut en second lieu que ce représentant soit préposé au paiement des salaires des ouvriers qu'il surveille.

66. — Ainsi dans la succursale d'une maison de commerce, ce sera entre les mains du gérant fondé de pouvoirs, que la saisie-arrêt devra être faite, car le fondé de pouvoir a un mandat général.

Il en serait autrement cependant, si le patron avait placé dans l'établissement une personne chargée spécialement de surveiller les employés et de les payer.

67. — En ce qui concerne les compagnies de chemin de fer, la question est plus complexe. On sait en effet que dans toutes les gares importantes de chemin de fer, il existe trois services distincts : le service de la voie, le service de l'exploitation, et le service de la traction. Chacun de ces services a un employé spécial préposé au paiement et à la surveillance des ouvriers attachés à ce service. C'est donc entre les mains de cet employé, que la saisie-arrêt devra être faite.

Dans les autres gares moins importantes, où cette division tripartite n'existe pas, c'est entre les mains du chef de gare que l'on devra faire la saisie-arrêt, sauf à lui à transmettre les pièces au service central, dont il dépend, puisque nous savons, qu'il est uniquement habilité en vue de la réception de l'exploit de saisie-arrêt et non pour toute la procédure (1).

68. — Le principe posé par l'article 6 *in-fine*, a soulevé aussi de graves difficultés, à propos de la saisie-arrêt pratiquée entre les mains des receveurs, dépositaires ou administrateurs de caisses ou deniers publics.

Antérieurement à la loi de 1895, la matière était régie par un certain nombre de textes. Ainsi l'article 13 de la loi du 9 juillet 1836 porte que : « toutes saisies-arrêts ou oppositions sur les sommes dues par l'Etat, toutes significations de cessions ou transports des dites sommes et de tous autres actes ayant pour objet d'en arrêter le paiement, devront être faites entre les mains des payeurs, agents ou préposés, sur la caisse desquels les ordonnances ou mandats seront délivrés. Néanmoins à Paris et pour tous les paiements à effectuer à la caisse du payeur central, au Trésor public, elles doivent être exclusivement faites entre les mains du conservateur des oppositions au Ministère des finances. Toutes dispositions contraires sont abrogées. Seront considérées comme nulles et non avenues toutes oppositions ou significations faites à toutes autres personnes que celles ci-dessus indiquées ».

D'autre part, l'article 5 du décret du 18 août 1807 porte que : « les saisies-arrêts sur les traitements

---

(1) Jug. Trib. de paix de Troyes, 11 septembre 1895, D. 1897, 1, 43.

de fonctionnaires des départements et des communes doivent être faites entre les mains du comptable public, préposé au paiement de ces traitements. »

69. — La question, qui s'est alors posée, lors de la loi nouvelle, a été celle de savoir, comment on pourrait concilier les textes antérieurs avec les dispositions de la loi de 1895 et principalement avec le paragraphe 3 de l'article 6 et avec l'article 17. Devrait-on admettre que la loi nouvelle a abrogé les textes antérieurs ci-dessus visés, ou au contraire considérer que ces textes étaient encore en vigueur.

La question après avoir été longtemps discutée et tranchée, suivant les tribunaux, dans un sens ou dans l'autre, a reçu une solution définitive par arrêt de la Cour de Cassation du 11 mai 1896 (1).

Il résulte de cet arrêt, rendu sur les réquisitions de M. le Procureur Général Manau, que la loi de 1895 n'a pas abrogé les textes antérieurs, que nous avons relatés ci-dessus. Voici en effet ce que nous lisons dans cet arrêt : « Une saisie-arrêt, formée sur les appointements d'un fonctionnaire de l'Etat, ne peut, à peine de nullité, aux termes des dispositions combinées de l'article 13 de la loi du 9 juillet 1836, et de l'article 352 du décret du 31 mai 1862 sur la comptabilité publique, être régulièrement reçue par le Trésorier-payeur-général du département, où le dit fonctionnaire exerce ses fonctions.

(1) *Gaz. Pal.*, 1896, 1, 660.

Spécialement est nulle la saisie-arrêt signifiée par le créancier d'un instituteur communal dans un département sur les appointements de son débiteur, non au trésorier-payeur-général, mais au percepteur des contributions indirectes de la commune, où le dit instituteur exerce ses fonctions. Et il n'a point cessé d'en être ainsi depuis la loi du 12 janvier 1895, même pour une saisie-arrêt formée sur un traitement de fonctionnaire ne dépassant pas annuellement 2.000 francs, saisie-arrêt, dont l'art. 6 §, 3 de la dite loi permet de signifier l'exploit au représentant du tiers-saisi dans le lieu où travaille le débiteur saisi : le trésorier-général pouvant seul et à l'exclusion des comptables placés sous ses ordres, être considéré comme représentant de l'Etat tiers-saisi, préposé à ce titre au paiement des appointements des fonctionnaires publics dans toute l'étendue du département. »

70. — Le principe étant désormais certain, il est facile maintenant d'indiquer quelles règles devront être observées dans les différentes hypothèses.

En ce qui concerne les dettes de l'Etat, des départements, des communes et des établissements publics, les personnes compétentes pour recevoir la signification d'une saisie-arrêt, sont, aux termes de l'article 13 de la loi du 9 juillet 1836 « les payeurs, agents ou préposés sur la caisse desquels les ordonnances ou mandats seront délivrés », c'est-à-dire pour le département, le trésorier-payeur-général du département.

Toutefois lorsque les fonctionnaires ou employés de l'Etat reçoivent des mandats de paiement sur des caisses autres que celle du trésorier-payeur-général, c'est entre les mains du comptable sur la caisse duquel les ordonnances ou mandats sont délivrés que la saisie-arrêt doit être faite.

Ainsi la saisie-arrêt, formée sur la solde d'un officier, doit être faite entre les mains du trésorier (1).

Celle, formée sur le traitement des employés des postes doit être faite entre les mains des receveurs-principaux des postes et télégraphes du département (2).

De même pour les employés et ouvriers des communes, la saisie-arrêt sera faite entre les mains du receveur municipal, où à son défaut du percepteur.

Pour les employés et ouvriers des établissements publics, entre les mains du comptable préposé au paiement des dépenses dans ces établissements.

(1) Circulaire du min. des finances du 12 juin 1818 : ord. du 25 décembre 1837.

(2) Circulaire du min. du commerce et de l'industrie du 9 mai 1895.

CHAPITRE II

DES CHOSES QUI PEUVENT FAIRE L'OBJET DE LA SAISIE-
ARRÊT RÉGIE PAR LA LOI NOUVELLE, ET DE LA
MESURE, SUIVANT LAQUELLE CETTE SAISIE-ARRÊT
PEUT ÊTRE PRATIQUÉE.

---

71. — La loi de 1895 n'a trait exclusivement qu'aux salaires et petits traitements : il est facile d'en juger par son titre même. C'est donc seulement aux salaires et petits traitements que doit s'appliquer le bénéfice de la législation nouvelle.

72. — Ce principe général étant posé, il nous faut maintenant indiquer quelle est la sphère d'application de la loi, au point de vue de son objet.

Nous étudierons à ce sujet les trois questions suivantes :

1° Dans quelle mesure les salaires et petits traitements sont-ils saisissables, et quels éléments faut-il y faire rentrer au point de vue de la computation de la quotité saisissable ?

2° Les salaires et petits traitements peuvent-ils être cédés et dans quelle mesure ?

3° Quelles sont les exceptions apportées par le législateur aux principes de l'insaisissabilité et de l'incessibilité ?

SECTION I

DE LA QUOTITÉ SAISISSABLE. — DE SA DÉTERMINATION ET DE SA COMPUTATION

73. — Avant d'aborder l'étude de la quotité saisissable, il est une question préjudicielle que nous devons résoudre, question, qui s'est d'ailleurs posée très nettement devant la Commission chargée de l'étude du projet de loi, qui est devenu la loi du 12 janvier 1895. C'est celle de savoir ce qu'il faut penser du principe de l'insaisissabilité des salaires ? Est-il juste considéré au point de vue social et économique ?

74. — La question de l'insaisissabilité des salaires, qui a fait dans notre siècle l'objet de nombreuses controverses, est susceptible de deux solutions absolues l'une et l'autre.

On peut ou bien admettre l'insaisissabilité totale, ou bien admettre la saisissabilité totale.

75. — En ce qui concerne la première solution, bien qu'elle paraisse au premier abord conforme à l'intérêt de l'ouvrier, elle nous semble au contraire, en examinant les conséquences qu'elle peut entraîner, devoir aller à l'encontre de cet intérêt. En effet, déclarer les salaires insaisissables, ce serait tout simplement supprimer le crédit à l'ouvrier. Or, lui supprimer le crédit, c'est l'acculer à la misère. Cette seule raison pratique, très grosse de conséquences, nous suffit pour rejeter la doctrine, que nous examinons, comme mauvaise dans son principe, et par suite dans ses résultats.

76. — Mais admettrons-nous pour cela la doctrine adverse, celle de la saisissabilité totale des salaires ? Pas davantage. En effet, il serait tout d'abord inhumain de priver l'ouvrier de tout le produit de son travail, alors que la totalité de ce travail suffit souvent à peine pour subvenir à ses besoins et à ceux de sa famille. Il est un principe social incontestable, c'est que tout le monde a le droit de vivre du produit de son travail ; l'ouvrier a, par conséquent, comme tout autre, le droit de percevoir sur le produit de son travail une somme suffisante pour assurer son existence et celle de sa famille, et la société ne saurait lui enlever ce droit.

D'ailleurs, il suffit de réfléchir aux conséquences dangereuses pour l'ordre social qu'entraînerait cette doctrine, pour la rejeter En effet, si l'on enlève à l'ouvrier son salaire, il sera alors obligé de demander « à la mendicité, au vol, au crime même ce que les lois de la société ne lui permettent pas de se procurer par son travail, et sera-t-on surpris si cet homme va grossir le nombre de ceux qui portent au cœur la haine de tous ceux qui possèdent, qui ont déclaré la guerre au capital et à la propriété individuelle, et qui, se considérant comme des victimes dans une société, qu'ils rendent responsable de leurs malheurs, sèment à tous les vents le ferment de l'anarchie » (1).

77. — Nous sommes donc ainsi amenés à chercher la solution de la question dans une doctrine

____

(1) Prada, *De la saisie-arrêt sur les salaires et petits traitements des ouvriers et employés.*

intermédiaire. Nous admettons qu'il est conforme à l'intérêt social et économique de déclarer une partie du salaire de l'ouvrier insaisissable et l'autre saisissable. Cette doctrine est d'abord conforme aux intérêts de l'ouvrier, car elle lui assure ainsi le droit de vivre du produit de son travail. Elle sauvegarde en même temps les droits de ses créanciers, en leur donnant des garanties suffisantes.

Cette doctrine est d'ailleurs admise par tout le monde aujourd'hui, on discute seulement sur la façon dont on doit l'appliquer.

78. — Comment doit-on donc appliquer le principe de l'insaisissabilité partielle ? Faut-il admettre la doctrine, qu'ont adoptée les rédacteurs de la loi du 12 janvier 1895, c'est-à-dire déclarer saisissable une certaine quotité fixe du salaire, ou faut-il au contraire réserver à l'ouvrier un salaire minimum et autoriser la saisie pour le surplus seulement.

A notre avis, la doctrine, adoptée dans la loi nouvelle, nous paraît la meilleure. En effet, réserver à l'ouvrier un salaire minimum et autoriser la saisie du surplus, c'eût été établir entre les ouvriers des différentes régions des inégalités choquantes. Il est bien certain que les nécessités de la vie varient suivant la région et le milieu. Ainsi l'ouvrier de la ville, où la vie coûte assez cher, a nécessairement besoin de plus d'argent que l'ouvrier de la campagne. Comment serait-on alors arrivé à déterminer d'une façon équitable pour tous le salaire minimum, qui leur est nécessaire. Cela n'était pas possible car si on avait pris pour point de départ l'ouvrier de la campagne, celui de la ville n'aurait pas eu suffisamment pour vivre. Eut-on fait l'inverse, l'ouvrier de la campagne se fut trouvé presque complètement à l'abri de la saisie-arrêt.

79. — Nous admettons qu'il faut décider que le salaire même le plus faible pourra être saisi dans une certaine proposition. Ici encore, on peut se demander, s'il était préférable d'établir une graduation, en sorte que la partie saisissable aurait augmenté avec le taux du salaire? Par exemple, admettre que les salaires ou traitements inférieurs à 1.000 francs seraient saisissables jusqu'à concurrence du cinquième, ceux compris entre 1.000 et 2.000 francs jusqu'à concurrence du quart et ainsi de suite. Ou, si au contraire il était préférable de ne pas s'occuper du taux du salaire ou du traitement, et de déclarer saisissable une quotité fixe, toujours la même, par exemple le cinquième ou le dixième?

La première solution paraît, au premier abord, plus juste, et cependant elle a été rejetée, avec raison à notre avis, car il eut fallu établir un si grand nombre de cotes pour que les transitions ne fussent pas sensibles, que l'on se serait heurté à une impossibilité.

Nous admettons donc en dernière analyse la doctrine de la saisissabilité partielle appliquée à une quotité fixe.

80. — A la doctrine de l'insaisissabilité se rattache exactement celle de l'incessibilité. Que faut-il en penser, toujours au point de vue social et économique, et doit-on l'admettre?

4

Les adversaires de cette doctrine ont dit qu'elle constituait, à l'encontre des salariés, une sorte de mise en tutelle, restrictive de leur liberté et de leur crédit.

Mais la même objection pouvait s'adresser à toutes les lois ayant pour but la protection des ouvriers. Il est un fait certain, c'est que l'on ne peut protéger une personne contre les conséquences de ses actions, qu'en restreignant, dans une certaine mesure, la liberté d'action de cette personne.

Quant au crédit, nous ne pensons pas que l'incessibilité des salaires puisse leur porter une grave atteinte, car le crédit de l'ouvrier consiste surtout et avant tout dans la confiance qu'il inspire par son travail, sa conduite et son honnêteté.

À notre avis, donc le principe de l'incessibilité des salaires doit être admis. D'autant plus qu'il est le complément obligé, et comme corollaire de l'incessibilité. Si, en effet, on déclare les salaires insaisissables, mais non incessibles, les créanciers pourraient arriver, par des moyens plus ou moins coercitifs, à annihiler les effets de l'insaisissabilité, en obtenant indirectement, par le moyen d'une cession la main-mise, qu'il n'auraient pu obtenir d'une saisie totale : ce qui irait évidemment à l'encontre du but que l'on poursuit, c'est à dire la protection des salaires.

81. — Cette question préjudicielle étant résolue, et étant donné que nous admettons le principe de la saisissabilité et de la cessibilité partielle appliquée à une quotité fixe, abordons maintenant l'étude de la quotité saisissable, telle qu'elle a été réglée par le législateur de 1895.

82. — Le principe est posé dans l'article premier
de la loi, qui stipule que les salaires des ouvriers
et gens de service ne sont saisissables que jusqu'à
concurrence du dixième, à quelque taux qu'ils
s'élèvent, et que les appointements ou traitements
des employés ou commis et des fonctionnaires le
sont dans la même mesure, mais seulement lorsqu'ils ne dépassent pas 2.000 francs par an.
Lorsqu'au contraire, ils dépassent ce taux, ils
tombent sous l'empire du droit commun.

83. — La détermination de la quotité saisissable
a fait, lors de la confection de la loi, l'objet de
nombreuses discussions. Le Conseil supérieur
du travail l'avait d'abord fixée au huitième ; puis,
à la suite d'une consultation des principaux
centres ouvriers, il la reporta au dixième. La
Commission de la Chambre suivit sur ce point sa
doctrine et proposa la fixation au dixième, ce qui
fut voté. Au Sénat, M. Chovet avait proposé que
la portion des salaires, qui serait saisissable, fut
déterminée en tenant compte du montant du
salaire, et d'après un système de graduation.
Mais son amendement fut vivement combattu par
le rapporteur de la loi, M. Regismanset, et fut
ensuite repoussé. La fixation au dixième fut
finalement admise.

84. — Cette limitation de la quotité saisissable
au dixième nous parait être la meilleure, comme
étant celle qui tient le mieux compte des intérêts
opposés, qui sont au jeu : savoir d'un côté le crédit
de l'ouvrier, et de l'autre les droits des créanciers.

84 *bis*. — La législation belge, diffère sur ce
point de la nôtre. Dans la loi du 18 août 1887,

elle fixe la limitation de la quotité saisissable au cinquième.

La loi autrichienne de 1873 combinée avec celle de 1888 stipule que les salaires inférieurs à 800 florins sont insaisissables pour le tout. C'est là, à notre avis, une protection exagérée, qui, loin d'être favorable à l'ouvrier, se retourne contre lui en lui supprimant le crédit. Au-dessus de 800 florins le surplus est saisissable pour un tiers.

85. — Il est un point sur lequel la loi nouvelle ne s'est pas prononcée, c'est sur celui de savoir, si elle s'applique aux salaires futurs.

Comme elle ne contient aucune disposition expresse à ce sujet, il faut nous en référer aux principes antérieurs. Or, la Cour de Cassation a dans un arrêt du 29 octobre 1890 (1) décidé : « qu'aucune disposition légale ne s'oppose à ce qu'une créance encore indéterminée ou même éventuelle, puisse, à titre conservatoire, faire l'objet d'une saisie-arrêt, dès lors qu'elle est acquise en principe au débiteur saisi ». Il faut donc dire qu'aujourd'hui encore les salaires futurs sont saisissables.

Mais en outre de la jurisprudence de la Cour de Cassation, on peut, en faveur de l'opinion que nous soutenons, tirer un argument sérieux des articles 11 et 12 de notre loi, que nous étudierons d'ailleurs dans une autre partie.

86. — La loi autrichienne de 1888 n'a pas été sur ce point aussi imprévoyante que la nôtre. Elle a établi à ce sujet une distinction très originale.

(1) D. 1891, 1, 475.

Elle distingue en effet les travaux en deux catégories : les travaux de durée et ceux de non durée. Par travaux de durée elle entend ceux dont la durée est fixée par la loi, la convention ou l'usage à une année au moins, ou ceux dont la durée n'est par limitée, mais dont la cessation doit être précédée d'un congé, donné au moins trois mois à l'avance. Pour ces travaux aucune saisie arrêt ne peut être faite lorsque le montant de la rémunération annuelle est inférieure à 800 florins ; lorsqu'au contraire le montant du salaire dépasse 800 florins, l'excédent est saisissable jusqu'à concurrence du tiers. Pour les travaux de non durée, aucune saisie-arrêt ne peut être faite, avant l'exécution complète du travail et avant l'expiration du jour de l'échéance. Donc, dans cette législation, la saisie-arrêt ne peut jamais porter sur les salaires futurs. Suivant nous, cette législation protège d'une façon exagérée le salaire des ouvriers, et cette protection se retourne contre ceux qu'elle tend à défendre. En effet, les créanciers, n'ayant pas suffisamment de garanties pour assurer la conservation de leurs droits, se voient dans l'obligation de supprimer tout crédit à l'ouvrier.

87. — Ces principes généraux étant posés, examinons maintenant ce qu'il faut entendre par salaires et petits traitements, au point de vue de la loi nouvelle, et quels éléments il faut y faire rentrer pour la computation de la quotité saisissable?

Il importe pour cela de distinguer entre les différentes catégories de débiteurs portés en l'article premier.

88. — *1ʳᵉ Catégorie. Ouvriers et gens de service.* — En ce qui concerne la première catégorie, qui comprend les ouvriers et gens de service, le salaire consiste dans la somme d'argent fixée à l'avance entre eux et le patron, et que celui-ci doit leur verser périodiquement en paiement de leurs services.

89. — Souvent le salaire en argent est accompagné de certains accessoires, nous voulons parler des indemnités de logement, de nourriture, de chauffage, d'éclairage, de déplacement, mais bien entendu seulement, quand elles sont payées en argent, les prestations en nature étant de leur essence insaisissables. Doit-on tenir compte de ces prestations dans la computation du salaire, au point de vue qui nous occupe ? Nous ne le pouvons pas. Suivant nous ces indemnités payées en argent doivent être déclarées insaisissables comme les prestations en nature, et pour la raison que le paiement en argent n'est qu'une suite de remboursement des avances faites par l'employé et le fonctionnaire pour le compte du patron ou de l'Etat, ces allocations sont la représentation d'une dépense, et non la rémunération d'un travail accompli.

90. — Dans certaines industries, maisons de coiffure, cafés, etc., les clients donnent au garçon, en outre de son dû, une petite rétribution, que l'on appelle ; le pourboire. Les pourboires doivent-ils être cousidérés comme salaire ? Doivent-ils entrer en ligne de compte pour la détermination du dixième saisissable ? Suivant M. Pabon (1),

(1) Pabon, *op. cit.,* p. 112. n° 98.

les pourboires doivent entrer en ligne de compte dans la computation du salaire, et comme lui peuvent être saisis, pour cette raison, c'est qu'aujourd'hui ils sont tellement passés dans l'usage, qu'ils ont perdu le caractère de gratification, pour devenir une véritable redevance.

Suivant d'autres au contraire (1) les pourboires ne pouvant être saisis, non pas parce qu'ils ne peuvent être appréhendés par le créancier et saisis par lui entre les mains du patron, attendu qu'ils sont remis directement par le client au garçon, en sorte que le patron n'est jamais détenteur des sommes remises.

· Suivant nous, la question doit être résolue par une distinction. Dans la plupart des établissements en effet et surtout en province, les pourboires sont remis directement par le client à l'employé, et ils constituent pour lui non pas un salaire, qui lui est payé par son patron, mais une gratification. Dans ce cas il nous semble difficile de pouvoir saisir les pourboires, d'abord parce que ce ne sont que des gratifications et ensuite parce qu'ils ne sont pas susceptibles d'appréhension.

Mais il existe par contre, et cela se rencontre surtout à Paris, des établissements où les pourboires sont centralisés dans une caisse, sur laquelle le patron se paie d'abord ses détériorations et partage ensuite chaque semaine ou chaque mois le reste entre les garçons, et où surtout les pourboires constituent leur seule rémunération. Dans ce cas nous estimons que les pourboires

____

(1) Emion, *op. cit.*, p. 83, n° 6.

peuvent être saisis, parce qu'ils ont alors le caractère d'un salaire et qu'ils peuvent être appréhendés.

91. — Pas plus que les pourboires, les gratifications ne sauraient être comptées pour la computation du salaire. Ell s ne sont pas une rémunération, mais la récompense de l'activité, de l'intelligence et du zèle. Elles n'ont au surplus rien de fixe, et peuvent d'autant moins être retenues, que le créancier n'a pu fonder le crédit accordé à son débiteur sur l'expectative d'une libéralité imprévue et facultative de la part du patron.

92. — Il est d'usage aussi dans un grand nombre d'industries d'infliger des amendes à l'ouvrier, soit pour retard, soit pour malfaçon dans son travail. Est-ce que les amendes doivent être considérées comme faisant partie des salaires ? Suivant M. Pabon (1) les amendes retenues à l'ouvrier doivent être déduites du salaire pour fixer la quotité saisissable, celle-ci devant se calculer sur les sommes d'argent réellemeut touchées par l'ouvrier.

Nous pensons au contraire qu'il ne faut pas déduire les amendes du salaire pour le calcul de la quotité saisissable, car elles ont un caractère très aléatoire, et qu'en outre ce serait accorder au patron un privilège en dehors d'un texte formel.

93. — Au sujet de l'indemnité due à l'ouvrier par le patron ou une compagnie d'assurances, à la suite d'un accident, tout le monde s'accorde à

______

(1) Pabon. *op. cit.*, p. 144. n° 101.

reconnaître, qu'elle ne peut être considérée comme salaire, et que la loi nouvelle ne peut s'y appliquer. C'est en ce sens que le Tribunal de Brive a statué par un jugement du 19 février 1896 (1).

Mais ce jugement, après avoir dit qu'il y avait lieu de se conformer au droit commun pour la saisie-arrêt d'une indemnité due en cas d'accident, ajoute, que cette indemnité se composant d'une somme payable de suite et d'une rente viagère est saisissable pour le tout, sans qu'il y ait lieu de rechercher, si le saisi se trouve placé dans des conditions d'indigence et d'incapacité de travail, qui lui rendent ce capital et cette rente nécessaire pour vivre, et si ces ressources lui tiennent lieu du salaire qu'il gagnait avant l'accident par lui subi. A notre avis cette décision ne saurait être admise. La jurisprudence et la doctrine sont d'ailleurs d'accord en général sur ce point : c'est qu'en ce qui concerne les indemnités dues pour accident, le juge est investi à leur égard d'un pouvoir souverain d'appréciation, et doit rechercher dans quelle mesure la pension est nécessaire à l'existence de la victime et de sa famille (2).

94. — Une question très délicate s'est posée aussi au même point de vue au sujet des prisonniers. On sait que le salaire que reçoit le prisonnier, en rémunération du travail qu'il exécute dans sa prison, se divise en deux parties ; l'une,

(1) *Gaz. Pal.*, 1896, 1, 658.

(2) Voir en ce sens. Jug. Cour de Lyon, 3 mars 1865. (S. 1865, 2, 258) ; Garsonnet, tome III, § 552, p. 535 ; Rousseau et Laisney (*Dictionnaire de procédure civile*), au mot saisie-arrêt, nᵒˢ 304 et 305.

appelée pécule disponible, et l'autre pécule réservé. Le pécule disponible lui est remis au fur et à mesure de son travail, pour lui permettre d'améliorer le régime de la prison pendant le temps qu'il subit sa peine. Le pécule réservé est capitalisé et ne lui est remis que le jour de sa mise en liberté, pour lui permettre de vivre, jusqu'à ce qu'il ait trouvé du travail.

La loi nouvelle s'applique-t-elle aux pécules du prisonnier ?

Avant 1895 la jurisprudence admettait que seul le pécule disponible pouvait être saisi, quant au pécule réservé, elle le déclarait insaisissable, à raison de son caractère alimentaire. C'est en ce sens que s'est prononcée encore récemment la Cour de Cassation par un arrêt du 18 février 1895.

Cette jurisprudence doit-elle encore être admise depuis la loi nouvelle ? Nous ne le pensons pas. A notre avis, il faut décider que désormais, il n'y a plus lieu de distinguer entre le pécule disponible et le pécule réservé au point de vue de la saisissabilité, et que le pécule tout entier du prisonnier pourra être saisi jusqu'à concurrence du dixième suivant les règles posées par cette loi. Et la raison, qui nous porte à cette opinion, c'est que le prisonnier fait partie de la classe des ouvriers.

La loi autrichienne du 29 avril 1873 a expressément prévu le cas que nous venons d'étudier. Dans son article 6 elle déclare insaisissable en totalité la part que la loi attribue au prisonnier sur le produit de son travail. Cette législation fait donc au prisonnier une situation de faveur, qui s'explique très bien par cette raison, qu'en assurant à l'ouvrier libéré de quoi vivre, jusqu'à qu'il ait trouvé du travail, on évite beaucoup de récidives.

95. — Comment la nouvelle loi doit-elle s'appliquer sur les salaires des époux mariés sous le régime de la communauté, et sur le salaire des enfants mineurs ? Presque généralement dans une famille où tout le monde travaille, soit chez le même patron, ou chez des patrons différents, chacun rapporte à la maison le produit de son travail. Le produit est réuni en une masse commune entre les mains du chef de famille, qui avec cette somme fait face aux dépens du ménage. Il y a lieu alors de se demander, si, pour déterminer la quotité saisissable, il faut tenir compte non seulement du salaire du mari, mais encore de ceux de sa femme et de ses enfants, ou au contraire tenir compte seulement du salaire du mari ?

Cette question est liée très intimement avec celle du droit d'obligation, c'est à dire de l'étendue du droit de poursuite du saisissant ?

Aux termes du droit commun, lorsque deux époux sont mariés sous le régime de la communauté légale, tous les biens tombant dans la communauté peuvent être saisis par les créanciers de la communauté, par les créanciers personnels du mari, et par les créanciers de la femme, mais seulement pour dettes ayant date certaine antérieurement au mariage, ou pour celles contractées par la femme, en vertu de l'autorisation de son mari, ou simplement de justice dans les dèux cas de l'article 1427 du Code civil. Quelle règle le créancier poursuivant devra-t-il suivre pour savoir s'il doit saisie-arrêter d'après les règles du droit commun ou d'après les règles de la loi de 1895 ? Devra t-il faire le total des salaires des deux époux ou devra-t-il les considérer chacun isolément et faire une saisie-arrêt spéciale sur chacun d'eux ?

La question est aujourd'hui résolue et l'on admet que le créancier devra considérer chaque salaire en particulier. Si aucun d'eux ne dépasse 2.000 francs, il devra procéder suivant les règles de la loi nouvelle, quand même leur total, qui tombe dans la communauté serait supérieur à cette somme (1).

Le Tribunal civil de Lyon en a donné pour motif, que si la communauté possède les appointements réunis, c'est à la condition de faire face à un double besoin. A notre avis, ce n'est pas là la véritable raison de juger ainsi, car il pourrait arriver que la saisie-arrêt frappe les appointements dûs à un père de cinq enfants, or bien que ce père de famille soit tenu de faire face à un sentuple besoin, la loi du 12 janvier 1895 n'en serait pas moins applicable. Mais c'est tout simplement parce que ce sont des débiteurs soumis aux prescriptions de la loi, dont s'agit, qui sont saisis, le second venant s'adjoindre au premier, et non la communauté, laquelle ne jouit d'aucune personnalité morale.

___

(1) C. de Montpellier, 25 novembre 1895 (*Gaz. Pal.*, 1896, 1, 236). Trib. civ. de Lyon (*Gaz. Pal.*, 1896, 1, 197).

95 *bis*. — Sous le régime de la séparation de biens, comme le patrimoine et les intérêts pécuniaires des époux sont distincts, le mari seul sera tenu par ses engagements sur son salaire et ses créanciers ne pourront jamais pratiquer une saisie-arrêt sur le salaire de la femme et réciproquement.

96. — En ce qui concerne les droits des créanciers sur les salaires des enfants mineurs, la doctrine et la jurisprudence sont aujourd'hui d'accord pour décider que les créanciers n'ont pas le droit de saisir les salaires que les enfants mineurs acquièrent par un travail séparé de leur père et dont ce dernier n'a pas la jouissance légale (1).

Quant à la question de savoir quand il y aura travail ou industrie séparé, il suffit que le travail ou l'industrie du fils soient exercés sans connexité avec le travail ou l'industrie du père, lors même qu'ils demeureraient ensemble.

Dans le cas où l'enfant est le seul obligé, son salaire seul peut être saisi et non celui du père, à moins que ce dernier ne soit civilement responsable, comme au cas de délit ou quasi-délit.

97. — La même question peut se poser au sujet d'ouvriers travaillant ensemble. Il arrive souvent en effet que dans une usine, un ouvrier a besoin d'un ou de plusieurs aides pour diriger son métier ; il en est ainsi des métiers à filer la laine. Presque généralement c'est le chef de métier qui touche le salaire du travail produit par le

____

(1) Trib. de paix, Lille, 6 mai 1896 (*Gaz. Pal.*, 1896, 1, 717).

métier. Dans ce cas, comme dans ceux que nous avons examinés précédemment, il faut décider que les créanciers de l'un des ouvriers ne pourront saisir-arrêter le salaire total, mais simplement le salaire de son débiteur.

Il pourra cependant arriver qu'il soit difficile de déterminer exactement quel est le salaire de chacun des ouvriers travaillant au métier, puisqu'on paie un salaire général par métier, suivant le travail produit. Quelle voie le créancier devra t-il suivre pour obtenir le paiement de sa créance ? Il nous semble qu'il devra procéder suivant les règles du droit commun, et qu'il ne pourra pas se prévaloir des dispositions de la loi nouvelle, car ici le chef de métier doit être considéré non comme un ouvrier pur et simple, mais comme un petit entrepreneur ; le prix stipulé n'est pas un salaire à proprement parler, mais un marché à forfait.

98. — *2e Catégorie. Des employés et commis.*— Pour la deuxième catégorie qui comprend les employés et commis, dont les appointements ne dépassent pas 2.000 francs par an, la quotité saisissable est toujours du dixième. Pour déterminer cette quotité, il faut, comme pour le salaire de l'ouvrier, tenir compte exclusivement de la somme stipulée à l'avance entre l'employé et le patron et sur laquelle le premier doit compter pour la rémunération de son travail. Quant aux autres prestations ou gratifications occasionnelles ou accidentelles, il faut en faire abstraction.

C'est ainsi que l'on ne devra pas tenir compte des indemnités de logement ou de résidence pour

les raisons que nous avons indiquées plus haut
au sujet des ouvriers. On ne devra pas tenir
compte non plus de toutes les prestations en
nature fournies par le patron à son employé ; des
gratifications pour travaux supplémentaires, des
indemnités de voyage ou d'hôtel, à raison précisément de leur caractère anormal et irrégulier.

99. — C'est ainsi que la jurisprudence a décidé
que pour savoir si le traitement d'un employé
dépasse ou non 2.000 francs par an, au point de
vue de l'application de la loi nouvelle, on ne doit
point faire entrer en ligne de compte les prestations en nature quelles qu'elles soient, qui viendraient s'ajouter accessoirement au salaire ou au
traitement. Il n'en serait autrement que si, en
vertu d'arrangements particuliers, le salaire ne
devrait être payé qu'en prestations, ou si ces
prestations, au lieu d'être l'accessoire du salaire
en argent, constituaient la partie la plus considérable du paiement des services rendus (1).

100. — Il faut cependant noter ici une anomalie,
qui n'a pas été prévue par le législateur de 1895.
Cette anomalie est la suivante : supposons deux
employés, dont l'un, aux appointements de
2.200 francs par an, est obligé de se nourrir et de
se loger, et l'autre, aux appointements de
1.800 francs par an, est nourri et logé chez son
patron. Le second bénéficiera de la loi nouvelle et
le premier n'en bénéficiera pas, alors qu'en réalité
le second traitement est supérieur au premier. Il
y a là évidemment une anomalie regrettable, et le

----

(1) Trib. civ. Angoulême, 30 décembre 1896 (D. 1897, 1, 357).

législateur aurait dû, à notre avis, pour être équitable distinguer les deux cas et fixer une règle
spéciale pour chacun d'eux.

101. — Il arrive souvent qu'un employé soit
intéressé dans les affaires de son patron et qu'en
dehors de son traitement, il touche un tant pour
cent sur les affaires. Ce mode de rémunération
est aujourd'hui très employé. Doit - on tenir
compte de ces rémunérations particulières pour
la détermination de la quotité saisissable ? Tout le
monde s'accorde pour admettre qu'il en faut tenir
compte. C'est qu'en effet lorsqu'un commis reçoit
un traitement fixe et un intérêt sur les bénéfices
de la maison, il est payé de son travail par ces
deux rémunérations : l'une fixe, l'autre aléatoire.
S'il n'avait pas un intérêt dans les affaires il rece-
vrait un traitement plus élevé que ne l'est son
traitement fixe. Le débiteur trouve donc là une
rémunération, qui, pour être aléatoire, n'en existe
pas moins, et sur laquelle le créancier a pu compter (1).

Mais la difficulté sera alors dans ce cas de
savoir, si oui ou non le traitement de l'employé
dépasse ou non 2.000 francs, car si l'on connait le
chiffre exact du traitement fixe, il est impossible
de connaître à l'avance, quel sera le montant de
la partie du traitement se composant des com-
missions sur les affaires que cet employé fera au
cours de ses voyages. La règle à suivre dans ce
cas sera la suivante : il ne faudra pas rechercher

____

(1) Trib. civ. de Lille, 2 mars 1896 (S. 1896, 2, 116), Trib. civ
de Lyon, 13 mars 1897 (D. 1897, 1, 357).

si dans l'année il peut gagner au total plus de
2.000 francs, mais quelle est la portion du traitement fixe à lui payée, et le montant des commis-
sions effectivement gagnées par lui au moment de
la saisie-arrêt (1).

102. — Une difficulté est née aussi au sujet des
pensions de retraite. Plaçons-nous d'abord dans
l'hypothèse d'une pension actuellement due au
bénéficiaire. La loi nouvelle peut-elle être appliquée ? Nous ne le pensons pas (2). En effet, la
pension de retraite ne peut être considérée comme
un traitement, ni comme la rémunération d'un
travail. C'est plutôt le paiement d'une dette con-
tractée en vertu d'une convention spéciale (3).

L'explication logique de l'opinion que nous soutenons est la suivante : une pension de retraite
ne peut être considérée comme représentant l'ensemble des retenues pratiquées sur le traitement :
elle n'en est que l'équivalent ; tout comme l'indemnité payée par une compagnie d'assurances
contre l'incendie, n'est pas la représentation des
primes versées, mais seulement leur équivalent.
Cela se comprend facilement par la simple observation, que souvent les compagnies d'assurances
paient une indemnité bien supérieure au montant
des primes versées.

103. — Supposons maintenant que la pension
n'est pas encore due, et que le fonctionnaire est
encore en service. Tout d'abord doit-on tenir

(1) Trib. civ. de Lille, 2 mars 1896 (*Monit. Huis.*, 1897, 2, 8).

(2) Voir en ce sens Pabon, *op. cit.*, p. 116, n° 106.

(3) Trib. civ. de Lyon, 18 janvier 1894 (*Monit. judiciaire de
Lyon*), 14 décembre 1894)

compte des retenues opérées sur le traitement pour le calcul de la quotité saisissable ? Nous admettons l'affirmative, parce qu'en effet les retenues font partie intégrante du salaire, et ce ne sont pas des allocations particulières. Régulièrement le fonctionnaire devrait toucher son salaire intégralement, puis remettre ensuite la partie destinée à assurer la pension de retraite.

103 *bis*. — Ensuite est-ce que le capital produit par les retenues peut être saisi ? Nous ne le pensons pas, à raison précisément du caractère incertain de la créance. Jusqu'au jour où la pension est liquidée, il n'y a pour l'employé qu'une simple expectative, le paiement de la pension n'étant pas nécessairement dû, car on ne sait pas si les conditions nécessaires, pour que la pension puisse être exigée, se réaliseront. Or nous avons dit au début de cette étude que l'on ne pouvait saisir-arrêter qu'en vertu d'une créance certaine et non en vertu d'une créance éventuelle (1).

104. — *3ᵉ Catégorie. Des fonctionnaires.* — En ce qui concerne cette catégorie, qui comprend les fonctionnaires, les mêmes règles sont applicables, et nous n'avons que très peu de chose à ajouter à ce que nous avons dit au sujet des employés et des ouvriers.

Le traitement des fonctionnaires comprend la somme qu'ils reçoivent de l'État d'une façon permanente et régulière en rémunération de leurs services. Mais pas plus que pour les ouvriers et les employés, on ne doit tenir compte pour déter-

(1) Trib. civ. de Dijon, 5 mars 1896 (S. 1896, 2, 117).

miner la compétence ou pour fixer la quotité saisissable des prestations en argent ou en nature, ni
des gratifications, des indemnités de déplacement,
qui ne sont que le remboursement par l'État des
avances faites par le fonctionnaire (1).

De même que pour les employés, la retenue
devra porter sur le traitement intégral, avant
toute déduction pour le versement à la caisse des
retraites.

Enfin pour les fonctionnaires, qui reçoivent des
remises sur les fonds qu'ils perçoivent, il faut
tenir compte dans le calcul du traitement pour la
computation de la quotité saisissable du montant
des remises effectivement touchées.

SECTION II

DE LA QUOTITÉ CESSIBLE. — DE SA DÉTERMINATION ET DE SA
COMPUTATION. — DES FORMES DE LA CESSION

105. — Nous avons plus haut justifié le principe de l'incessibilité partielle des salaires.
Etudions maintenant comment le législateur de
1895 a appliqué ce principe.

Aux termes de l'article 2 de la loi nouvelle :
« Les salaires, appointements ou traitements,
visés par l'article 1er ne pourront être cédés que
jusqu'à concurrence d'un dixième. »

Les salaires et petits traitements sont donc
cessibles dans la même proportion qu'ils sont
saisissables, c'est-à-dire pour un dixième. Mais

(1) Voir en ce sens : Circul. du ministre de l'Instruction publique
(*Revue des Justices de paix*, 1895, p. 66).

il est bien évident que cela doit s'entendre d'un autre dixième. C'est ce qu'a très bien expliqué, M. Regismanset dans son rapport au Sénat : « C'est à bon droit, dit-il, que la Chambre des Députés a voulu garantir l'application loyale de l'article premier du projet, en décidant que les salaires et traitements peuvent être cédés pour un dixième, ce que la commission traduit par un autre dixième. » La raison de cette interprétation est facile à donner, c'est afin de prévenir une fraude résultant d'une collusion entre le débiteur et un cessionnaire fictif. L'ouvrier débiteur n'aurait eu qu'à céder à un compère le dixième de son salaire, et il se serait ainsi trouvé complètement à l'abri des poursuites de ses créanciers, au grand détriment de ces derniers et contrairement au vœu de la Loi.

106. — Le dixième saisissable peut-il être cumulé avec le dixième cessible ? Autrement dit une des personnes visées à l'article premier, peut-elle céder à un tiers le dixième saisissable de son salaire ou de son traitement, en même temps que le dixième cessible ; et inversement le créancier d'une de ces personnes peut-il saisir à la fois le dixième cessible et le dixième saisissable ?

107. — En ce qui concerne la première face de la question, nous répondons que le dixième saisissable n'est pas cessible. Cette opinion est en effet conforme à l'esprit de la loi, puisque c'est précisément pour éviter une collusion frauduleuse de la part du débiteur avec un tiers qu'a été édicté l'article 2. Le débiteur peut donc céder le dixième de son salaire et pas d'avantage.

Un auteur (1) a cependant soutenu l'affirmative. « Rien n'empêche, dit-il, un créancier, déjà cessionnaire du dixième, de saisir-arrêter un autre dixième pour le surplus de sa créance et d'obtenir ainsi par la voie judiciaire, le transport à son profit de ce dixième ; or, si le créancier peut obtenir amiablement la cession d'un dixième, et ensuite, par la voie judiciaire, parvenir à la cession d'un autre dixième, pourquoi ne pas lui permettre de se faire consentir amiablement les deux dixièmes ? Lui refuser cette faculté serait en définitive porter préjudice au débiteur, qui est obligé de payer les frais de la saisie-arrêt. »

D'autres auteurs soutiennent la doctrine contraire (2). « La règle est absolue, disent-ils ; les salaires visés par l'article premier ne peuvent pas être cédés pour plus d'un dixième. Dès lors tout transport d'une quotité plus considérable serait frappé de nullité radicale. L'autre dixième, celui qui est saisissable, ne peut pas être cédé, car il doit rester le gage de tous les créanciers. »

Suivant nous cette doctrine est la seule admissible, comme étant seule conforme à l'esprit de la loi et au vœu du législateur.

108. — Quant à l'autre face de la question, aucune difficulté n'a été soulevée, et tout le monde s'accorde à reconnaître qu'un créancier ne peut saisir à la fois le dixième cessible et le dixième saisissable. La loi n'a pas voulu en effet que l'ouvrier ou l'employé put être privé par des

(1) Palon, *op. cit.*, p. 125, n° 115.

(2) Rousseau et Laisney, *Dictionnaire théorique et pratique de Procédure Civile*, Supp. voir : Saisie-arrêt n° 104, p. 564.

mesures d'exécution forcée d'une partie de son salaire ou de son traitement supérieure au dixième. Le créancier pourra bien obtenir la cession d'un autre dixième, mais il devra pour cela obtenir le consentement de son débiteur, qui reste le seul juge de sa situation.

109. — Au lieu de céder le dixième cessible à l'un de ses créanciers, le débiteur, ouvrier ou employé, pourrait-il le lui donner en gage ? L'hypothèse n'a pas été prévue par le législateur, de là la difficulté.

Faisons remarquer tout d'abord que cette hypothèse ne pourra se présenter que très rarement, car le contrat de gage étant un contrat réel, il faudra, pour que le débiteur puisse donner une partie de sa créance en gage à l'un de ses créanciers, que cette créance soit constatée par un titre, ce qui est très rare à l'égard des personnes visées par l'article premier de la loi.

Mais au cas où cette hypothèse se réaliserait, que faudrait-il décider ? La question est assez délicate à résoudre, car nous savons que la mise en gage d'une créance confère au créancier gagiste un droit de préférence sur la créanee toute entière, et par suite celui de se faire payer sur le montant de cette créance avant tous les autres créanciers opposants. Suivant nous, on doit admettre que le débiteur peut faire cette constitution de gage. C'est, en effet, un acte moins grave que la cession, la mise en gage ne faisant pas perdre définitivement la propriété de la chose gagée. Or, qui peut le plus, peut le moins, le débiteur pouvant céder le dixième de son salaire, doit donc pouvoir donner ce même dixième en gage. Enlever ce droit à l'ouvrier, ce serait restreindre sa capacité en dehors d'un texte formel.

110. — En ce qui concerne le calcul de la quotité cessible et la détermination des éléments sur lesquels elle doit être imputée, les explications, que nous avons données au sujet de la quotité saisissable, suffisent, la quotité cessible se calculant de la même manière que cette dernière.

111. — Quant aux formes de la cession, la loi nouvelle n'ayant édicté aucune disposition spéciale à cet égard, on doit sur ce point se référer au droit commun, contenu dans les articles 1689 et suivants du Code civil.

C'est ainsi qu'entre les parties, la cession, parfaite par leur seul consentement, s'opérera par la remise du titre. Mais la remise du titre sera le plus souvent impossible, car en général les salaires ou les traitements ne se constatent pas par écrit : en sorte que le transport restera dans la plupart des cas la seule manifestation juridique de la cession.

A l'égard des tiers, la cession n'est valable qu'après la signification du transport au débiteur, ou l'acceptation par lui de ce transport faite dans un acte authentique. La jurisprudence se montre d'ailleurs très large en ce qui concerne la signification du transport : elle peut résulter de tout acte quelconque pouvant faire connaître la cession au débiteur. Mais elle se fait ordinairement par acte d'huissier. La signification de la cession de sommes dues par l'Etat doit être faite aux payeurs ou agents du Trésor, sur la caisse desquels les mandats de paiements sont délivrés.

Pour savoir entre plusieurs cessionnaires, lequel doit avoir la préférence, il suffira de se reporter à la date des significations de la cession, la première en date aura la préférence (1).

Au cas où plusieurs cessions auraient été signifiées le même jour, et si les exploits ne font pas connaître l'heure à laquelle ces significations ont été faites, les cessionnaires auront des droits égaux et viendront entre eux au marc le franc.

SECTION III

DES EXCEPTIONS AUX PRINCIPES D'INSAISISSABILITÉ ET D'INCESSIBILITÉ.

112. — Le principe de la limitation de la saisissabilité et de la cessibilité des salaires et des petits traitements à un dixième reçoit une double dérogation :

1° En ce qui concerne les dettes résultant d'obligations alimentaires;

2° En ce qui concerne certaines créances, que le patron peut avoir à exercer contre ses ouvriers ou employés.

113. — *1° Des dettes alimentaires.* Aux termes de l'article 3 de la loi nouvelle « les cessions et saisies faites pour le paiement des dettes alimentaires prévues par les articles 203, 205, 206, 207, 214 et 349 du Code civil, ne sont pas soumises aux restrictions qui précèdent. »

Il résulte de cet article que les restrictions posées aux deux articles précédents ne s'appli-

(1) Aubry et Rau, tome IV, p. 428 et 435.

quent pas aux saisies ou cessions faites pour le paiement de certaines dettes alimentaires. La raison en est facile à donner : c'est que le débiteur ne saurait opposer un besoin d'aliments aux créances visées dans cet article, car elles ont elles-mêmes pour cause des aliments.

Les créances sont les suivantes :

1° Celle des enfants sur leur père et mère (art. 203 du Code civil) ;

2° Celle des père et mère et autres ascendants dans le besoin sur leurs enfants (art. 205 du Code civil) ;

3° Celle des beaux-parents sur leurs gendres et belles-filles (art. 206 du Code civil) et réciproquement (art. 207 du Code civil) ;

4° Celle de la femme sur son mari (art. 214 du Code civil) ;

5° Enfin celle de l'adoptant et de l'adopté l'un sur l'autre (art. 349 du Code civil).

114. — La disposition de l'article 3 étant dérogatoire au droit commun doit recevoir l'interprétation restrictive, en vertu de la maxime « exceptio est strictissimæ interpretationis ». Il en résulte alors que les dettes alimentaires autres que celles ci-dessus spécifiées ne peuvent bénéficier de cette disposition. C'est ainsi par exemple que la créance des fournisseurs d'aliments doit être régie par le droit commun, bien qu'une protection spéciale leur ait été accordée par le Code de procédure civile ; cette créance n'a en effet aucun caractère alimentaire. De même les créanciers des diverses personnes en faveur desquelles existent les diverses créances alimentaires énumérées ci-des-

sus ne pourraient, en se prévalant de l'article 1166 du Code civil, exercer au lieu et place de leur débiteur l'action de ce dernier ; le droit conféré est en effet tellement dérogatoire aux règles générales prises par la loi nouvelle, qu'il ne peut être exercé que par ceux-là mêmes auxquels l'article 3 l'a nominalement conféré.

115. — Une question spéciale s'est posée à propos des articles 259 et 268 du Code civil, qui visent le cas où le mari, dans une instance en divorce ou en séparation de corps, est condamné à payer à sa femme une pension alimentaire. On s'est demandé s'il fallait leur appliquer la disposition de l'article 3. D'après ce que nous avons dit plus haut, la négative devrait être admise, car l'article 3 ne parle pas du tout de ces deux cas spéciaux. Cependant on admet généralement qu'il faut leur faire une application exceptionnelle de cet article, parce que ce ne sont en somme que deux applications de l'article 214 expressément visé dans notre article : ils sont donc implicitement compris dans sa disposition.

116. — La dérogation apportée par l'article 3 anx règles posées par les articles 1 et 2 de la loi, doit être strictement restreinte aux dispositions contenues dans ces deux articles. Par conséquent les autres dispositions de la loi nouvelle doivent s'appliquer aux créances ci-dessus visées ; notamment en ce qui concerne la compétence du juge de paix et la procédure. C'est ainsi que le juge de paix sera compétent pour statuer sur la saisie-arrêt pratiquée sur les salaires et traitements des diverses personnes visées plus haut. De même

il n'y aurait pas lieu, quand il s'agit de saisie-
arrêt pratiquée pour sûreté d'une pension alimentaire d'assigner le saisi en validité et déclaration
affirmative devant le Tribunal (1).

117. — Est-ce à dire que, dans les cas ci-dessus
spécifiés, le créancier saisissant pourra saisir-
arrêter tout le salaire ou tout le traitement du
débiteur ? Ce serait là évidemment la chose la
plus contraire à l'équité et à l'esprit de la loi. Ce
sera alors, suivant nous, au juge de paix, à chercher, dans ces différents cas, à concilier les droits
et les intérêts de chacun.

Mais doit-on aller jusqu'à admettre, comme l'a
fait un auteur (2) que le juge de paix aurait le
droit, suivant les circonstances, de réduire de sa
propre autorité la quotité saisissable ? Ce serait
évidemment aller trop loin et le silence de la
loi à cet égard en est une preuve certaine. Il
suffira de faire remarquer en outre que dans
les divers cas ci-dessus, la créance alimentaire,
qu'elle résulte d'une convention amiable ou d'un
jugement, aura été fixée à l'avance, eu égard aux
facultés du débiteur et aux besoins du créancier.

118. — L'article 3 a soulevé aussi une autre
question des plus délicates ; c'est celle de savoir
comment doit se régler le concours entre un
créancier pour obligation alimentaire et un créancier ordinaire ? Est-ce que si le créancier pour
pension alimentaire absorbe plus du dixième du

(1) Trib. civ. de la Seine, 22 mai 1896 (*Mon. des huissiers*, 1896,
2, 273).

(2) Pabon, *op. cit.*, p. 117, n° 107.

salaire ou du traitement, les autres créanciers
auront ou non le droit de saisir un autre dixième?

119. — Suivant un commentateur (1), il faut
pour trancher la question chercher avec soin quel
est l'esprit général de la loi nouvelle. Or il suffit
de se reporter aux documents parlementaires
pour constater que tout le monde a voulu réserver
à l'ouvrier ou au petit employé, de quoi vivre et
faire vivre les siens. Si cela est vrai, si les neuf
dixièmes des salaires ou traitements sont nécessaires à l'ouvrier ou au petit employé pour vivre,
comment peut-on songer à lui imposer la saisissabilité de ses ressources pour la totalité de la
somme à laquelle il serait condamné pour pension
alimentaire, et donner encore aux autres créanciers le droit de saisir également le dixième.

Donc pour ce commentateur, lorsque la dette
alimentaire absorberait le dixième du salaire ou
du traitement, la saisie n'en pourrait être faite
que pour le paiement de la dite pension, à l'exclusion de toute autre créance.

A notre avis, cette opinion, quoique logique en
apparence et humanitaire ne saurait être admise.
En effet, elle se heurte d'abord à une grave objection, qui suffit pour la faire repousser : c'est
qu'elle tend à accorder aux créanciers pour
aliments un privilège en dehors d'un texte formel
de loi, ce qui est contraire à l'article 2093 du Code
civil, qui stipule que les privilèges sont de droit
étroit. Ensuite elle est en contradiction absolue
avec l'opinion émise par les vingt juges de paix

____

(1) Emion, *op. cit.*, n° 44.

de Paris, dans une conférence préliminaire à l'application de la loi : ces juges ont pensé et admis que le créancier pour dette alimentaire devrait concourir avec les autres créanciers saisissants sur le dixième saisi, et qu'ensuite, s'il n'était pas entièrement désintéressé, il pourrait alors seulement exercer son droit sur le reste du salaire ou du traitement (1).

120. — Un autre commentateur (2) fait une distinction, suivant que la première saisie-arrêt a été validée par un jugement définitif ou non. Dans le premier cas, le créancier ordinaire ne pourrait venir en concours avec le premier saisissant, la quotité saisissable étant totalement absorbée. Dans le second cas au contraire, les deux créanciers devront concourir au marc le franc pour un dixième, le surplus devant être attribué au créancier pour dette alimentaire. De même si un créancier ordinaire a pratiqué une saisie-arrêt validée par un jugement définitif et attributif, un créancier postérieur, même pour dette alimentaire, ne pourra pas concourir avec le premier sur la somme, qui lui a été attribuée. Il pourra le faire au contraire, s'il n'y a pas eu de jugement de validité définitif.

Cette doctrine se base sur la théorie admise par la jurisprudence sur les effets de jugement de validité de saisie-arrêt. La jurisprudence admet, en effet, que le jugement de validité de saisie-arrêt confère au créancier saisissant un droit exclusif

______

(1) Rousseau et Laisney, *Recueil périod. de proc. civile*, 1895, p. 18.

(2) Pabon, *op. cit.*, n° 108.

sur la somme saisie-arrêtée, par suite de délégation judiciaire. Mais, à notre avis, cette jurisprudence est regrettable et ne doit pas être admise, car nulle part dans la loi, le législateur n'a attribué un effet semblable au jugement de validité.

121. — Pour notre part, nous admettons sur cette question, la doctrine, qui a été soutenue par les Juges de paix de Paris, comme étant la plus équitable et la plus conforme à l'esprit de la loi. Le législateur de 1895, en effet, a voulu faire aux créanciers, pour certaines dettes alimentaires une situation de faveur ; mais il n'a pas entendu, lorsque ces créanciers viendraient en concours avec des créanciers ordinaires, sacrifier ces derniers aux premiers. Or la doctrine que nous soutenons n'est que la réalisation de cette intention du législateur ; puisque nous admettons les créanciers ordinaires à concourir au marc le franc sur le dixième saisissable avec les créanciers pour aliments ; et si ces derniers ne sont pas désintéressés complètement, nous admettons qu'ils se fassent payer sur le surplus du salaire ou du traitement.

122. — *2° Des créances du patron contre son ouvrier ou son employé.* On sait qu'aux termes du droit commun contenu dans les articles 1289 et suivants du Code civil, lorsque d'une part deux personnes se trouvent être débitrices l'une de l'autre, il s'opère entre elles une compensation, qui éteint les deux dettes de plein droit, par la seule force de la loi, jusqu'à concurrence de leurs quotités respectives. Et que, d'autre part, la compensation n'a lieu qu'entre dettes ayant pour objet une

somme d'argent ou une certaine quantité de choses fongibles de la même espèce, et qui sont également liquides et exigibles.

L'application rigoureuse du droit commun dans les rapports d'employeurs à salariés aurait été contraire au but que le législateur se proposait dans la loi nouvelle. Aussi pose-t-il en principe dans l'article 4 de la loi : que le patron n'est pas autorisé à compenser les avances qu'il aura faites à l'ouvrier avec ce qu'il peut lui devoir pour salaires.

Mais d'autre part le principe absolu de la non-compensation, loin d'être favorable à l'ouvrier, se serait au contraire retourné contre lui. Le patron, en effet, réduit pour être remboursé au dixième du salaire, se serait la plupart du temps abstenu de faire des avances à l'ouvrier. C'est ce qui explique pourquoi le législateur, après avoir posé le principe de la non compensation au début de l'article 4, y apporte dans les paragraphes suivants et dans l'article 5 des dérogations en faveur de certaines créances exceptionnelles.

123. — On peut ranger à ce point de vue les différentes créances que le patron peut avoir contre son ouvrier ou son employé en trois catégories :

1° Les créances prévues par l'article 4 et l'article 5, résultant de la fourniture d'outils ou d'instruments nécessaires au travail ; de la fourniture des matières et matériaux, dont l'ouvrier a la charge et l'usage ; enfin des sommes avancées pour l'acquisition de ces mêmes objets.

2° Les créances résultant d'avances en espèces faites en dehors des cas précédents.

3° Les créances pour fournitures diverses.

124. — 1ʳᵉ *Catégorie de créances.* L'article 4 qui régit ces créances dispose : « Aucune compensation ne s'opère au profit des patrons entre le montant des salaires dûs par eux à leurs ouvriers et les sommes, qui leur seraient dues à eux-mêmes pour fournitures diverses, quelles qu'en soit la nature, à l'exception toutefois de :

1° Des outils ou instruments nécessaires au travail ;

2° Des matières ou matériaux dont l'ouvrier a la charge et l'usage ;

3° Des sommes avancées pour l'acquisition de ces mêmes objets. »

Donc lorsque le patron sera créancier de l'ouvrier ou de l'employé pour les causes ci-dessus énoncées, il pourra compenser ce qui lui sera dû avec ce qu'il pourra devoir à cet ouvrier ou à cet employé.

Ces créances sont donc favorisées par rapport aux autres. « La fourniture de matières ou matériaux, dont l'ouvrier a la charge et l'usage, dit à ce sujet, M. Régismanset dans son rapport au Sénat, ne saurait être assimiliée à une créance ordinaire, et le fait du non remboursement de cette fourniture éveille l'idée de détournement ou d'abus de confiance. Ce sont là des espèces, qui sont de nature à inquiéter nos sentiments d'équité, et on est porté à admettre avec la Chambre, qu'elles comportent un mode de recouvrement différent, sinon privilégié. »

Il importe de faire remarquer que la compensation, dont parle l'article 4 s'opérera sur la totalité du salaire. Cela résulte du texte même de cet article, et aussi d'un argument a *contrario* tiré de l'article 5, dont nous allons aborder l'étude, et enfin des travaux préparatoires.

125. — Mais comment devra s'appliquer le principe posé par l'article 4 ? Il n'y aura pas de difficulté, si l'avance faite par le patron est une avance en argent, à l'aide de laquelle l'ouvrier achète les instruments nécessaires à son travail, ou les matières premières, qu'il doit façonner et transformer. En pareil cas en effet la compensation pourra s'opérer, puisqu'alors la créance du patron sera une créance de somme d'argent, liquide et exigible.

Il n'en sera plus de même, lorsque le patron fournira directement à l'ouvrier les outils ou les matériaux : sa créance dans ce cas ne sera plus liquide, puisque l'ouvrier sera débiteur d'une valeur non déterminée. Dans ce cas alors le patron devra faire liquider sa créance auparavant. A cet effet il s'entendra amiablement avec son ouvrier, ou à défaut d'entente prendra contre lui un jugement de condamnation.

126. — Est-ce à dire que les avances du patron prévues à l'article 4 doivent être privilégiées ? Suivant nous, et c'est d'ailleurs ce qui est généralement admis, elles ne sont pas privilégiées et cela pour le motif suivant : c'est que, comme nous l'avons déjà dit plus haut, un privilège ne peut exister en dehors d'un texte formel de la loi, or, nulle part dans la loi nouvelle le législateur ne

parle de privilège à propos des créances du patron contre ses employés ou ouvriers.

La solution de cette question est très importante à raison précisément des conséquences qui en découlent au point de vue de la combinaison de l'article 4 avec les articles 1295 et 1298 du Code civil. Il en résulte en effet que le patron, n'étant pas privilégié pour le recouvrement de ses créances, sera obligé de subir le concours des autres créanciers de son ouvrier débiteur, et les effets de la cession que ce dernier aura pu consentir du dixième de son salaire, suivant les termes de l'article 2.

127. — Ceci posé, on peut envisager quatre hypothèses différentes qui sont susceptibles de se présenter dans la pratique, et dans lesquelles se trouvent réunis les différents cas où il peut y avoir lieu à la combinaison énoncée plus haut.

1re hypothèse. — La créance du patron est antérieure à la signification qui lui a été faite de la cession.

Dans ce cas la cession est nulle, et la compensation s'opérera pour le tout. En effet l'ouvrier a cédé ici une créance, qui n'existait plus, puisqu'elle était éteinte de plein droit par la compensation.

2e hypothèse. — La créance du patron est postérieure à la signification de la cession.

Dans cette hypothèse, le patron ne pourra opposer la compensation au cessionnaire. En effet la compensation ne peut s'opérer qu'entre deux personnes, qui sont respectivement créancières et débiteurs l'une de l'autre. Or, dans l'espèce, au moment de la signification, le patron n'avait pas encore de créance contre le cédant ; la compensation ne pouvait donc pas s'opérer, et par suite la cession est valable.

3e hypothèse. — Une saisie-arrêt a été faite sur l'ouvrier par un tiers entre les mains du patron postérieurement à la naissance de sa créance.

Le patron pourra dans ce cas opposer la compensation au saisissant. En effet la saisie est nulle et inopérante, puisqu'elle porte sur une valeur, qui n'existait plus dans le patrimoine du débiteur au moment de la saisie.

4e hypothèse. — Une saisie-arrêt a été faite sur l'ouvrier par un tiers entre les mains du patron antérieurement à la naissance de sa créance.

Ici la compensation ne pourra plus être opposée, puisque les conditions, pour qu'elle puisse avoir lieu, ne se trouvent pas réunies. La saisie-arrêt produira donc tout son effet. Il est bien entendu que dans ce cas le patron pourra venir en concours avec tous les autres créanciers pour le reliquat de sa créance non compensé sur la partie du salaire ainsi saisie-arrêtée entre ses mains.

128. — Que faut-il entendre par outils, matières et matériaux, dont l'ouvrier a la charge et l'usage ?

Par outils et instruments nécessaires au travail, il faut entendre tout ce qui est confié par le patron à son ouvrier pour l'exécution complète du travail dont il est chargé. Nous ne pouvons ici donner une énumération complète de ces différents objets : les outils et instruments de travail variant d'ailleurs avec chaque corps de métier. Qu'il nous suffise d'en citer quelques-uns : il en est ainsi des caractères pour l'imprimeur, de la pelle et de la pioche pour le terrassier, de la machine à coudre, du fil et des aiguilles pour le tailleur, etc...

Par matières et matériaux, dont l'ouvrier a la charge et l'usage, il faut entendre tout ce que le patron confie à l'ouvrier, soit pour le transformer, soit pour en faire une chose nouvelle. Un marchand de meubles, par exemple, commande à un ouvrier sculpteur un mobilier de salle à manger. Cet ouvrier prend la commande, mais n'a pas d'argent pour acheter la matière première. Il revient chez son patron et le prie de la lui fournir. C'est cette avance de fournitures qui autorise le patron à se payer par voie de compensation. — L'exception s'appliquerait de même aux fournitures de pierre pour le maçon, de bois pour le menuisier ou le charron, de fer pour le forgeron.

129. — En cas de contestation, ce sera au patron à prouver, que les avances ou fournitures faites par lui à son ouvrier, ont bien été faites dans les limites posées par l'article 4.

Il résulte aussi des termes mêmes de cet article, que le patron seul a qualité pour faire les avances ou fournitures, qui y sont énumérées. Par suite si un tiers avait fait ces avances à l'ouvrier, il ne s'opérerait pas au profit de ce tiers de subrogation dans les droits du patron : il serait tout simplement considéré comme un créancier ordinaire.

130. — Reste une dernière question à propos de cet article 4 : c'est celle de savoir s'il s'applique aux employés comme aux ouvriers ?

« L'article 4, écrit un commentateur (1), s'occupe des avances que le patron pourrait avoir
faites à son ouvrier. Il est donc étranger à l'employé et au fonctionnaire. »

La question a un intérêt pratique assez grand.
Il y a en effet certaines administrations, qui pré-
tendent compenser ce qu'elles peuvent devoir à
leurs employés avec les fournitures ou avances
qu'elles leur font.

A notre avis, aucune difficulté ne doit s'élever
sur ce point. Il est bien certain que la première
partie de l'article 4, dont les termes sont très
généraux, doit s'appliquer aux fonctionnaires et
aux employés tout comme aux ouvriers (2).

En ce qui concerne au contraire la seconde partie, c'est à dire les numéros 1, 2 et 3, nous admettons qu'elle ne s'applique qu'aux ouvriers, précisément à cause de la nature des choses, qui y
sont spécifiées, choses qui sont particulières aux
ouvriers. Mais il faut, croyons-nous, entendre le
mot ouvrier dans un sens large; et comprendre
sous cette dénomination le plus grand nombre de
salariés possible. « Mais en pareil cas, écrit un
commentateur (3), le mot ouvrier a le sens le plus
large; il comprend tous ceux qui travaillent de
leurs mains, et par conséquent, les employés et
les gens de service, dans les cas où ceux-ci effec-
tuent un travail manuel, et se servent, pour l'exécution de ce travail, d'instruments appartenant

---

(1) Le Pelletier, *Manuel pratique de la loi du 12 janvier 1895
sur la saisie-arrêt*, n° 22.

(2) Voir en ce sens : Pabon, *op. cit.*, n° 64.

(3) Pabon, *op. cit.*, n° 64.

au patron, car, dans la confection de ce travail, ces employés et gens de service sont de véritables ouvriers ; ainsi, les élèves des dentistes, des chirurgiens, des pharmaciens, le valet de chambre ou le cuisinier qui dégraderaient les instruments appartenant au patron, dont ils se servent pour leur travail, ou les objets qui sont confiés à leurs soins, seraient débiteurs vis-à-vis de leur patron du montant de la dégradation ou de la perte et cette créance du patron se compenserait avec le montant du salaire ou traitement, qui pourrait leur être dû. »

131. — En ce qui concerne cette première catégorie de créances que le patron peut avoir contre son ouvrier, la loi norwégienne de 1890 contient sur ce point une disposition à peu près analogue. Elle déclare en effet que l'insaisissabilité cesse « dans les cas où il s'agira du paiement des dommages-intérêts fondés sur actes préjudiciables volontaires ». Cette disposition est moins large en un sens que celle de notre loi, mais elle est plus large dans un autre sens. Elle est moins large en ce sens qu'elle ne permet la compensation que pour le préjudice résultant d'un acte volontaire, tel qu'un abus de confiance, et non pour le résultat d'une simple négligence. Elle est plus large en ce sens qu'elle s'applique aussi bien aux tiers qu'au patron.

132. — *2ᵉ Catégorie de créances.* — Aux termes de l'article 5 de la loi : « Tout patron, qui fait une avance en espèces en dehors du cas prévu par le paragraphe 3 de l'article 4, qui précède, ne peut se rembourser qu'au moyen de retenues successives

ne dépassant pas le dixième du montant des salaires ou appointements exigibles.

La retenue opérée de ce chef ne se confond ni avec la partie saisissable, ni avec la partie cessible portée en l'article 2.

Les acomptes sur un travail en cours ne sont pas considérés comme avances ».

Cet article 5 formait avec le précédent l'article 2 du projet de loi adopté par la Chambre. Cet article 2 du projet était ainsi conçu : « Tout patron qui fait une avance en espèces ou en fournitures consistant seulement en outils ou instruments nécessaires au travail, ou en matière et matériaux dont les ouvriers et les employés ont la charge et l'usage, ne peut se rembourser qu'au moyen de retenues successives ne dépassant pas le dixième du montant des salaires ou appointements exigibles. La retenue, opérée de ce chef, ne se confond ni avec la partie saisissable, ni avec la partie cessible portée en l'article 3. Les acomptes sur un travail en cours ne sont pas considérés comme avances ». Le Sénat, suivant sur ce point l'avis du Conseil supérieur du Travail, ne crût pas devoir assimiler au point de vue du recouvrement les avances faites par le patron en espèces et les fournitures d'outils et matériaux. Il divisa alors l'article 2 du projet en deux parties, qui sont devenues les articles 4 et 5 de la rédaction définitive.

133. — Les avances portées en l'article 5 sont donc traitées moins favorablement que celles prévues à l'article 4. En effet celles-ci se compensent avec la totalité des salaires tandis que pour les premières le patron ne peut en être remboursé

qu'en opérant des retenues successives ne dépassant pas le dixième du montant des salaires ou appointements.

Par contre elles sont traitées plus favorablement que les créances prévues au paragraphe premier de l'article 4, dont nous allons aborder l'étude. En effet les créanciers visés par ce paragraphe viennent tous en concours au marc le franc sur le dixième saisissable, tandis qu'aux termes du paragraphe 2 de l'article 5 « la retenue opérée de ce chef ne se confond ni avec la partie saisissable, ni avec la partie cessible portée en l'article 2 ». Le patron jouit donc ici d'un véritable privilège.

Il en résulte qu'il ne peut y avoir de conflit possible entre le patron et les autres créanciers saisissants ou cessionnaires pour les avances portées en cet article 5. Les droits de chacun sont très nettement délimités.

134. — Le paragraphe 3 de notre article spécifie que les acomptes sur un travail en cours ne doivent pas être considérés comme avances. Ils ne constituent pas en effet des avances, mais un paiement partiel du travail effectué par l'ouvrier.

Le rapport que M. Rose a déposé à la Chambre, au nom de la Commission du Travail nous donne sur ce qu'il faut entendre par ces mots « travail en cours » des éclaircissements très sérieux. « M. Guillemin avait pensé, écrit M. Rose, qu'il était nécessaire dans l'intérêt de l'ouvrier, de bien préciser ce que le projet entendait dire par travail en cours, et d'expliquer que les acomptes, remis en cours de quinzaine par exemple ne pouvaient être considérés comme avances ; il avait même déposé un amendement en ce sens. Mais la Commission a cru qu'il n'y avait pas lieu de l'accepter et que le texte du projet était suffisamment explicite. Il est bien évident en effet, que si l'acompte remis sur un travail en cours ne peut être considéré comme avance, *a fortiori* l'acompte remis en cours de quinzaine, sur un travail réellement effectué, ne saurait l'être non plus (1). Il résulte de ce passage que pour savoir si l'on se trouve en présence d'un acompte ou d'une avance, il suffit de comparer le travail fourni par l'ouvrier à la somme que lui verse le patron. Si cette somme représente une valeur égale ou inférieure au travail fourni, il y aura simplement acompte. Si au contraire elle représente une valeur supérieure, il y aura acompte pour partie et avance pour une autre.

135. — *3ᵉ Catégorie.* — Cette catégorie qui comprend les créances du patron pour fournitures diverses, est régie par le paragraphe premier de l'article 4. Pour ces créances, le patron est assimilé aux créanciers ordinaires. Il ne peut se faire payer qu'en se faisant céder le dixième du salaire de l'ouvrier, ou en formant une saisie-arrêt sur un autre dixième, et dans ce cas encore il est obligé de subir le concours des autres créanciers.

Le législateur de 1895 en édictant cette disposition, a visé spécialement les Economats, et a eu surtout en vue de les faire rentrer sous le régime du droit commun, et de ne pas leur accorder un

______

(1) Ch. des députés, *Session extraordinaire 1894,* annexe n° 1102.

régime exceptionnel. C'est là en effet la condamnation de ces établissements dont l'institution et le fonctionnement soulèvent aujourd'hui de si nombreuses réclamations parmi les populations ouvrières, qui y voient presque généralement une spéculation établie par leur patron à leurs dépens.

136. — En résumé au point de vue de la compensation des créances que le patron peut avoir contre son ouvrier ou son employé, avec ce qu'il peut leur devoir, on peut dire ceci :

Pour les créances de toute nature, ayant des causes autres que celles portées en l'article 4, pas de compensation possible. Le patron est obligé de concourir au marc le franc avec tous les autres créanciers sur le dixième saisissable.

Pour les créances ayant pour causes des avances en espèces, la compensation a lieu, mais pour un dixième seulement, et ce dixième ne se confond ni avec le dixième saisissable, ni avec le dixième cessible. Le patron jouit dans ce cas d'un privilège.

Enfin pour les créances ayant pour causes des fournitures d'outils, de matériaux, ou des avances pour les acheter, la compensation a lieu avec la totalité du salaire. Les rapports du patron avec les autres créanciers saisissants ou cessionnaires sont alors régis par les articles 1295 et 1298 du Code civil. Enfin il peut venir pour le restant de sa créance en concours avec les autres créanciers sur le dixième saisissable.

DEUXIÈME PARTIE

DE LA PROCÉDURE ET DES EFFETS DE LA SAISIE-ARRÊT

---

137. — Après avoir étudié quelles sont les conditions de validité de la saisie-arrêt régie par la loi du 12 janvier 1895, nous arrivons à l'étude de la procédure. Les règles relatives à cette matière sont contenues dans les articles 6, 7, 8 et suivants de la loi.

On peut dire d'une manière générale, que le législateur de 1895, sur ce point, a fait pour ainsi dire table rase des règles du droit commun, et a organisé de toutes pièces une procédure nouvelle. Nous avons indiqué, au début de ce commentaire quels étaient les graves inconvénients de la législation antérieure relative de la saisie-arrêt des salaires et petits traitements. La loi nouvelle, nous pouvons le dire, a apporté à ces inconvénients des remèdes salutaires. Tel est au moins le sentiment que l'aperçu général de la réforme inspire. Dans le détail, si la loi est d'une appréciation difficile, si elle prête le flanc à des critiques assez sérieuses, et se heurte parfois à des obstacles infranchissables, l'effort du législateur n'en restera pas cependant infructueux, puisque les principes nouveaux, désormais acquis à la marche progressive des transformations heureuses, apportent à la condition de ceux, qu'on doit plus spécialement protéger, une notable amélioration.

138. — Pour étudier d'une façon aussi complète et aussi rationnelle que possible les règles nouvelles apportées par la loi de 1895 sur la procédure de saisie-arrêt, nous nous proposons de diviser nos explications en trois chapitres : Dans le premier nous verrons quelles sont les formalités préliminaires à la saisie-arrêt.

Dans le second, nous étudierons l'exploit de saisie-arrêt et ses effets, ainsi que la procédure spéciale d'intervention.

Enfin, dans un troisième chapitre nous examinerons les règles nouvelles établies pour la procédure de validité de la saisie-arrêt.

CHAPITRE PREMIER

DES FORMALITÉS PRÉLIMINAIRES A LA SAISIE-ARRÊT

139. — Aux termes de l'article 6, § 1 et 2 :
« La saisie-arrêt sur les salaires et appointements ou traitements ne dépassant pas annuellement 2.000 francs dont il s'agit à l'article premier de la présente loi, ne pourra être pratiquée, s'il y a titre, que sur le visa du greffier de la justice de paix du domicile du débiteur saisi.

« S'il n'y a pas de titre, la saisie-arrêt ne pourra être pratiquée qu'en vertu de l'autorisation du juge de paix du domicile du débiteur saisi. Toutefois avant d'accorder l'autorisation, le juge de paix pourra, si les parties n'ont déjà été appelées en conciliation, convoquer devant lui par simple avertissement le créancier et le débiteur ; s'il intervient un arrangement, il en sera tenu note par le greffier sur un registre spécial exigé par l'article 14. »

Le législateur prévoit donc deux hypothèses distinctes. La première est celle où le créancier saisissant n'a pas de titre : dans ce cas il l'oblige, avant de pouvoir faire une saisie-arrêt, à obtenir l'autorisation du juge de paix. Lorsqu'au contraire le créancier saisissant a un titre, et c'est là la seconde hypothèse ; il pourra agir mais seulement après avoir obtenu le visa du greffier.

Chacune de ces deux hypothèses nécessite des explications spéciales.

§ 1. — De l'autorisation du juge de paix

140. — Aux termes du droit commun contenu dans l'article 558 du Code de Procédure Civile, le pouvoir d'autoriser la saisie-arrêt est accordé par le juge. Cet article ne spécifie pas, si c'est le Président du Tribunal seul, qui a ce pouvoir, ou si c'est le Président du Tribunal et le Juge de paix. De là sont nées des difficultés.

Certains auteurs (1) argumentant du laconisme du texte même de l'article 558, en ont conclu que ce pouvoir appartenait au juge de paix, lorsque les causes de la saisie-arrêt ne dépassaient pas sa compétence ; et que dans le cas contraire, il appartenait au Président du Tribunal.

Mais la jurisprudence n'a pas admis, et avec raison, à notre avis, cette manière de voir. Et elle décide presque invariablement que le juge de paix n'est pas compétent pour autoriser la saisie-arrêt, quelque minime que soit l'intérêt en jeu (2). Le juge de paix est, en effet, un juge d'exception : il ne doit donc être compétent que pour les matières, pour lesquelles la loi l'a expressément déclaré.

141. — Le législateur de 1895 a apporté sur ce point une grave dérogation au droit commun. Il a,

(1) Garsonnet, *Traité de proc.*, t. III, n° 595, p. 693.
(2) Oran, 8 avril 1889 (*Gaz. Pal.*, 1889, 2, 484.)

en effet, substitué la compétence du juge de paix en matière de saisie-arrêt des salaires et petits traitements à celle du Tribunal.

Le législateur par cette innovation a ainsi manifesté expressément sa tendance à étendre la compétence des juges de paix, et a réalisé ainsi par avance une partie des réformes contenues dans le projet de refonte du Code de Procédure Civile, déposé à la Chambre, le 5 mai 1894.

M. Regismanset, dans son rapport au Sénat, a d'ailleurs très nettement indiqué les motifs de cette innovation : « L'audience du juge de paix, dit-il, est moins solennelle, plus familière que celle du Tribunal civil ; la contradiction y est permise, même avec le juge. Les parties s'expliquant en personne, ce qui n'est indifférent, ni au point de vue de l'économie des frais ni au point de vue des notions d'équité ; l'attitude des parties, l'accent de sincérité, l'énergie des protestations, sont de précieux éléments à consulter pour un juge clairvoyant ; et en somme il ne faut pas oublier que c'est à la comparution personnelle des parties, et à leur interrogatoire direct, que recourent les tribunaux, quand ils sont le plus embarrassés de décider. Enfin, en tout état de cause, la conciliation intervient plus facilement devant le juge de paix, qui la désire, et peut en donner acte sans frais et sans recourir à des intermédiaires. »

142. — C'est donc le juge de paix seul qui est compétent pour autoriser la saisie-arrêt portant sur les salaires ou petits traitements. Le Président du Tribunal est désormais incompétent pour délivrer cette autorisation.

Mais quel est le caractère de cette incompétence ? Est-elle d'ordre public ? L'affirmation est généralement admise, et avec raison, à notre avis, conformément aux principes de la matière. De telle sorte que cette incompétence pourra être invoquée en tout état de cause par les parties intéressées, et devra même être déclarée d'office par le juge incompétent, qui aurait été saisi d'une semblable demande.

143. — Le principe étant posé, quel est le juge de paix, qui est compétent pour donner cette autorisation ?

Aux termes du droit commun, s'il n'y a pas de titre, le juge du domicile du débiteur et même celui du domicile du tiers-saisi, sont compétents pour permettre la saisie-arrêt.

L'article 6 de notre loi, dérogeant encore ici au droit commun, décide que seul le juge de paix du domicile du débiteur saisi est compétent. « Ce juge, explique M. Jourde, dans la séance de la Chambre du 27 juin 1893, qui est sur place, qui connait le débiteur et ses besoins, n'est-il pas en état de dire mieux qu'une loi inflexible dans quelle mesure le salaire est saisissable. »

144. — Lors de la discussion de la loi, on avait proposé deux autres solutions : attribution de la compétence en cette matière au juge de paix du domicile du tiers-saisi et au juge de paix du domicile du créancier. Le dernier système ne pouvait évidemment être admis, car il est absolument contraire aux principes de la compétence *ratione personæ :* dans notre droit, en effet il est de principe que la juridiction compétente, en

matière personnelle du moins, est celle du domicile du défendeur « *actor sequitur forum rei* » — Quant au premier, il présentait de très grands avantages, et était en somme conforme aux vues de célérité et d'économie, qui ont surtout inspiré la loi nouvelle. En effet, presque toujours le juge de paix du domicile du tiers-saisi aurait été en fait celui de presque toutes les parties.

145. — Quoi qu'il en soit, le système attribuant compétence exclusive au juge de paix du domicile du débiteur saisi a prévalu. Il est évidemment plus conforme aux principes généraux de la compétence, mais il présente de graves inconvénients. En effet, l'ouvrier étant obligé par son travail même, de changer très souvent de domicile, ses créanciers, qui voudront former contre lui une saisie-arrêt, ne pourront pas savoir, s'il y a eu déjà ou non d'autres oppositions, et s'ils doivent agir en vertu de l'article 6 ou en vertu de l'article 7. Un autre grave inconvénient de ce système est le suivant : supposons un grand industriel, qui occupe un grand nombre d'ouvriers habitant dans plusieurs cantons, à Paris dans plusieurs arrondissements, cet industriel se trouvera obligé, comme tiers-saisi, de comparaître devant plusieurs juges de paix ; il sera, par suite de cet ennui, fort disposé à congédier immédiatement les ouvriers, dont les salaires seront frappés d'opposition.

146. — Si un juge de paix, autre que celui du domicile du débiteur saisi, avait accordé l'autorisation à fin de saisie-arrêt, quel serait l'effet de cette autorisation ? En d'autres termes la com-

pétence du juge de paix du domicile du débiteur saisi est-elle d'ordre public ? Nous ne le pensons pas. C'est en effet un principe de notre droit, que la compétence *ratione personæ* n'est pas d'ordre public. Il en résulte que l'autorisation accordée par un juge de paix incompétent sera nulle de nullité relative et non absolue, et que cette nullité devra être invoquée *in limine litis* et avant toute défense au fond. Il est inutile en effet d'imposer aux parties des frais, alors qu'elles sont d'accord pour accepter la validité de l'autorisation donnée ; l'ordre public n'est nullement intéressé à ce que la nullité de la saisie soit prononcée.

147. — On a discuté aussi sur le point de savoir ce qu'il fallait entendre par ces mots « juge de paix du domicile du débiteur saisi ». Certain commentateur (1) a soutenu qu'il fallait entendre par là, non pas le juge de paix du domicile réel du débiteur, mais celui du lieu où il travaille.

Mais, à notre avis, la question ne fait pas de doute. Les termes de l'article 6 sont trop clairs et trop formels pour donner place à une discussion. Donc, pour nous, même lorsque le débiteur ne travaille pas dans le lieu où il a son domicile réel, le juge de paix de ce domicile n'en reste pas moins le seul compétent.

148. — Le juge de paix, saisi dans les conditions, que nous venons d'indiquer, d'une demande en autorisation, peut prendre l'un des trois partis suivants : accorder immédiatement l'autorisation, la refuser, ou provoquer une conciliation.

(1) Strauss *de la saisie-arrêt des gages et salaires*, p. 14.

149. — *1° Autorisation de saisie-arrêt.* Le juge de paix avant d'accorder son autorisation devra d'abord examiner, si la demande qu'on lui soumet rentre bien dans les limites de sa compétence.

Il examinera, si la personne, contre laquelle le créancier veut former une saisie arrêt, rentre bien dans les différentes catégories visées à l'article premier. Il s'entourera à cet effet de tous les renseignements nécessaires et se déclarera compétent, si cette personne rentre bien dans l'une de ces catégories, dans le cas contraire, se déclarera incompétent.

Il devra ensuite examiner, si cette personne a bien son domicile réel dans son canton.

Enfin il s'assurera si la créance, pour le paiement de laquelle on veut faire une saisie-arrêt, existe réellement, si elle est liquide et si elle est exigible. En ce qui concerne la liquidité de la créance, nous avons vu que le législateur de 1895 ne s'était montré rigoureux sur ce point : il admet que l'on pourra former une saisie-arrêt en vertu d'une créance non liquide. Le juge de paix devra alors, dans ce cas, évaluer provisoirement la somme pour laquelle la saisie-arrêt sera formée. Cela résulte de l'article 7 paragraphe 1er « l'autorisation accordée évaluera ou énoncera la somme pour laquelle la saisie-arrêt sera formée » Cette formalité est d'ailleurs conforme au droit commun. L'article 559 du Code de Procédure Civile, oblige en effet le saisissant à indiquer dans son exploit le montant de sa créance. Cela est nécessaire en effet pour permettre au tiers-saisi de savoir quelle somme restera libre entre ses mains, et au saisi de savoir quelle somme il devra offrir au créancier pour obtenir main-levée de la saisie.

Lorsque toutes ces conditions se trouveront réunies, il pourra accorder l'autorisation.

150. — Dans quelle forme l'autorisation doit-elle être donnée? C'est par une ordonnance écrite et mise au bas de la requête à lui présentée par le créancier, que le juge de paix accorde l'autorisation. Cette ordonnance, doit être écrite, car l'article 6 *in fine* déclare que l'exploit de saisie-arrêt doit contenir en tête copie de l'autorisation du juge. Elle sera rédigée sur papier libre et enregistrée gratis, conformément à l'article 15 de la loi.

151. — En droit commun, le juge peut, en accordant son autorisation, y adjoindre certaines conditions. Les mêmes pouvoirs doivent-ils être attribués au juge de paix, en notre matière?

A notre avis, la loi étant muette sur ce point, il y a lieu d'étendre ces pouvoirs au juge de paix.

Ainsi le juge de paix pourra imposer comme condition à son autorisation, que le débiteur sera, avant la saisie-arrêt, mis en demeure d'acquitter sa dette.

Il pourra aussi n'autoriser la saisie que pour une partie de la créance du saisissant : libre de refuser l'autorisation, pour le tout, à plus forte raison peut-il ne l'accorder que pour partie (1).

Tous ces pouvoirs appartiennent donc au juge de paix. Mais il ne faudrait pas aller trop loin dans cette voie, et l'autoriser à imposer des

(1) Gassonnet, *traité de Proc. civ.,* t. III, n° 595.

conditions, qui ne sont pas dans les pouvoirs du Président du Tribunal en droit commun.

182. — La question, très discutée en matière de saisie-arrêt ordinaire, de savoir, si le juge peut délivrer l'autorisation de saisie-arrêt, sous la condition qu'il lui en sera référé en cas de difficulté, et si en référé il peut prescrire, dans l'intérêt du saisissant ou du saisi, des mesures conservatoires, ne se pose plus dans la loi nouvelle. Le juge de paix, qui autorise la saisie-arrêt, est en effet celui qui connaît de la demande en validité. Il n'aura pas besoin par conséquent d'insérer dans son ordonnance, qu'il lui en sera référé en cas de difficulté. Ce recours est évidemment de droit, et le juge de paix pourra toujours, en sa qualité de juge du fond, ordonner telles mesures conservatoires, qu'il jugera convenable.

183. — Le juge de paix, en accordant son autorisation, doit-il se préoccuper de la nationalité des parties en cause? Nous ne le pensons pas, il doit simplement examiner, si le saisi réside dans son canton, et s'il touche son salaire en France (1).

184. — De même le juge de paix ne pourrait bien certainement imposer au créancier saisissant, s'il est étranger, l'obligation de fournir caution. Nous avons admis en effet qu'à son origine la saisie-arrêt est une mesure conservatoire, or aucune loi n'impose aux étrangers l'obligation de fournir caution pour des mesures conservatoires, prises en France.

(1) Paris, 19 janvier 1850 (S. 1850, 2, 412).

185. — *2° Refus de l'autorisation*. Le juge de paix peut au contraire refuser l'autorisation demandée. Il le fera par exemple, lorsqu'il constatera que la créance du saisissant n'est pas certaine, ou si elle n'est pas exigible. Il pourra la refuser aussi si le débiteur est notoirement solvable, ou si le traitement du débiteur à saisir est supérieur à 2.000 francs par an.

Le refus d'autorisation n'est soumis à aucune condition spéciale de forme : le juge de paix peut même se borner à exprimer son refus verbalement.

Le juge de paix n'est pas tenu en refusant l'autorisation de donner les motifs de son refus, car nous verrons tout à l'heure que l'autorisation est un acte de juridiction gracieuse.

186. — *3° Essai de conciliation*. Le juge de paix peut enfin prendre un dernier parti : essayer une conciliation préalable.

Ce pouvoir, conféré par la loi nouvelle, constitue une dérogation au droit commun, qui dispense des préliminaires de conciliation toute demande sur les saisies.

Il résulte des termes mêmes de la loi que cette mesure est purement facultative pour le juge. Le législateur s'en remet entièrement à son appréciation, pour savoir s'il y a lieu de recourir à ce moyen. Si en effet il estime, d'après les circonstances de la cause, et le caractère des personnes intéressées, que l'affaire pourra s'arranger amiablement, il devra recourir à ce moyen. Lorsqu'au contraire il estimera qu'aucune entente n'est possible, il statuera immédiatement sur la demande d'autorisation.

187. — Le texte de l'article 6 de la loi a soulevé une difficulté assez grave à propos de ces mots « si les parties n'ont déjà été appelées en conciliation ». On s'est demandé quelle portée il fallait leur attribuer ?

Suivant certains auteurs (1), il ne faut pas attacher à ces mots une importance qu'ils n'ont pas, et leur donner un sens trop rigoureux. « Le législateur, disent-ils, n'a pas voulu imposer au juge une semblable interdiction. Sa pensée est la suivante : Lorsque les parties sont déjà venues au bureau de conciliation, aucun espoir d'arriver à une entente n'est possible ; et il ne prévoit dès lors l'utilité de cette procédure préliminaire que pour le cas où il n'y aurait pas eu déjà tentative avortée. Mais si le juge avait juste sujet de penser qu'un nouvel essai amènerait un rapprochement des parties, nous pensons qu'il serait libre d'y revenir. »

Suivant nous cette doctrine ne saurait être admise, le texte de l'article 6 est trop formel pour cela. Et nous déciderons que s'il y a eu déjà tentative de conciliation, le juge de paix ne pourra plus en tenter une nouvelle.

188. — Lorsque le juge de paix appelle les parties en conciliation, trois solutions peuvent se présenter :

a) Les parties comparaissent et se concilient. Dans ce cas, le greffier doit, aux termes de l'article 6 paragraphe 2 *in-fine*, tenir note de l'ar-

---

(1) Rousseau et Laisney, *Rec. périodique*, 1895, 1, p. 54 et suivantes.

rangement.intervenu sur un registre spécial exigé par l'article 14. Les parties doivent signer l'arrangement.

b) Les parties comparaissent, mais ne se concilient pas.

c) L'une des deux parties seule comparaît.

Dans ces deux derniers cas, le juge de paix peut alors accorder l'autorisation de saisir ou la refuser, suivant que les prétentions du saisissant lui paraissent bien ou mal fondées.

189. — Il nous reste à propos de l'autorisation du juge de paix une question qui est celle de savoir quelle est sa nature, et si elle est susceptible de recours ?

La plupart des auteurs voient dans l'autorisation à fin de saisie-arrêt un acte de juridiction gracieuse. C'est aussi notre avis. Le juge de paix, en effet, en accordant l'autorisation ne statue en aucune façon sur les droits des parties et ne préjuge pas de l'affaire. Cette autorisation ne change en rien les caractères de la créance du saisissant : elle n'a pas pour effet de la rendre certaine, si elle était incertaine, ou exigible, si elle ne l'était pas.

Un commentateur cependant (1) a soutenu l'opinion contraire.

Mais sa doctrine est insoutenable.

De ce caractère de l'autorisation, il résulte qu'elle n'est susceptible d'aucun recours, car il n'y a que les jugements qui sont susceptibles de voies de recours. Le silence même de la loi à cet

____

(1) Bourgueil, *La saisie-arrêt*, n° 34, p. 26.

égard en est une preuve aussi certaine. Il est bien évident en effet, que si le législateur avait entendu admettre que la décision du juge de paix serait susceptible d'appel, il n'aurait pas été sans réglementer les conditions de cet appel. Ce que nous venons de dire de l'appel s'explique également à l'opposition.

190. — Supposons qu'un créancier n'ayant pas de titre, ait pratiqué une saisie-arrêt sans autorisation préalable; quel serait le sort de cette saisie ?

Elle serait certainement nulle et de nullité absolue, car la formalité de l'autorisation préalable est, dans l'esprit du législateur, une formalité substantielle, par opposition aux formalités accessoires, qui n'entraînent que des nullités relatives. Du caractère absolu de cette nullité, il résulte, qu'elle pourra être opposée par toute personne intéressée, en tout état de cause, et que le juge devra même la prononcer d'office.

§ II. — DU VISA DU GREFFIER.

191. — Aux termes du droit commun (a. 557, C. P. C.) lorsque le créancier est muni d'un titre, il peut sans aucune autorisation saisir-arrêter entre les mains d'un tiers les sommes et effets appartenant à son débiteur ou s'opposer à leur remise. La loi nouvelle a apporté sur ce point une dérogation. Elle stipule en effet dans son article 6, que même lorsque le créancier a un titre, il ne pourra pratiquer une saisie-arrêt, qu'après avoir

fait viser au préalable son titre par le greffier de là justice de paix du domicile du débiteur saisi.

192. — La nécessité de ce visa se justifie par les raisons suivantes :

Tout d'abord sans cette formalité, le saisi pourrait ignorer indéfiniment le nom du saisissant, et un patron de mauvaise foi pourrait retenir à son ouvrier ou à son employé le dixième de son salaire ou de son traitement sous prétexte d'une saisie-arrêt, qui n'existerait pas en réalité. Grâce au visa, le saisi peut se renseigner et prendre les mesures utiles pour sauvegarder ses intérêts.

Ensuite nous verrons plus loin qu'il ne peut y avoir qu'une seule saisie autorisée, et que les formalités de dénonciation et de contre-dénonciation de la saisie ont été supprimées. Il était donc nécessaire pour assurer cette unité de saisie et empêcher la signification de plusieurs exploits dans la même instance, de donner aux créanciers le moyen de savoir s'ils doivent former une saisie-arrêt ou simplement recourir à la procédure d'intervention.

193. — La formalité du visa nous apparaît donc, au même titre que l'autorisation préalable, comme une formalité substantielle, requise à peine de nullité absolue.

194. — Le législateur s'est borné à exiger le visa sans donner d'autres explications. De là sont nées un certain nombre de difficultés qu'il nous faut résoudre.

Sur le point de savoir quel est le greffier, qui est compétent pour donner le visa, aucune difficulté n'a été soulevée ? L'article 6 stipule en effet formellement que c'est le greffier de la justice de paix du domicile du débiteur saisi. Tout autre serait incompétent. Et cette incompétence, comme nous l'avons déjà dit pour le juge de paix, étant une incompétence *ratione personæ*, devrait être invoquée *in limine litis*, avant toute défense au fond, et ne pourrait pas être déclarée d'office par le juge.

195. — Les titres, qui peuvent servir de base à une saisie-arrêt, et qui comme tels, pourront être soumis à la formalité du visa, peuvent être ou authentiques ou sous-seing privés.

196. — Le titre authentique est, aux termes de l'article 1317 du Code civil, celui qui a été reçu par officiers publics ayant le droit d'instrumenter dans le lieu où l'acte a été rédigé, et avec les solennités requises.

Pour qu'un titre authentique puisse servir de base à une saisie-arrêt, il faut qu'il contienne une obligation à la charge de la personne contre laquelle on veut procéder à cette voie d'exécution. Ainsi un inventaire, une délibération de famille, un acte d'adoption ou de reconnaissance d'un enfant naturel, bien qu'étant des actes authentiques, ne peuvent servir de base à une saisie-arrêt, parce qu'ils ne contiennent aucune obligation. Au contraire un acte notarié, un jugement de reconnaissance de dette, et tous autres actes authentiques contenant des obligations peuvent servir de base à cette voie d'exécution.

197. — Le titre sous-seing privé est celui qui émane des parties elles-mêmes sans l'intervention d'aucun officier public.

L'acte sous-seing privé est soumis à certaines règles suivant qu'il contient un engagement unilatéral ou un engagement synallagmatique.

Lorsqu'il ne renferme qu'un engagement unilatéral, il faut qu'il soit écrit en entier de la main de la personne qui s'oblige et signé par elle ; ou tout au moins, s'il est écrit par une autre personne, que celle qui s'engage écrive en toutes lettres, au dessus de sa signature le montant de la somme pour laquelle elle s'engage, en faisant précéder cette mention du mot : bon pour ou approuvé. Exception à cette règle est faite cependant pour les actes émanants de marchands, artisans, laboureurs, vignerons, gens de journée ou de service (1).

Lorsqu'au contraire l'acte sous-seing privé contient un engagement synallagmatique, il doit être rédigé en autant d'originaux qu'il y a de parties ayant un intérêt distinct, et cela à peine de nullité du titre (2).

198. — Quant aux livres de commerce et aux tailles ils ne constituent pas des titres, et par conséquent ne peuvent jamais servir de base à une saisie-arrêt.

199. — Quels sont les pouvoirs qui appartiennent au greffier, lorsqu'un titre est soumis à son visa ?

Il est certain qu'il a un pouvoir propre, en ce sens, qu'il accorde ou refuse son visa sous sa responsabilité personnelle. Mais quelle est l'étendue de ce pouvoir ?

(1) Article 1326 du Code civil.
(2) Article 1325 du Code civil.

Suivant nous le greffier n'a pas d'autre pouvoir que de vérifier la régularité de la forme des actes qui lui sont présentés. Il examinera par exemple, si le titre a lui présenté a satisfait aux formalités du timbre et de l'enregistrement ; et si c'est un acte sous signatures privées, si cet acte a satisfait aux prescriptions de l'article 1325 ou de l'article 1326 du Code, suivant les cas.

Lorsque le titre, qu'on lui présente, lui paraîtra régulier, il devra donner son visa, et le refuser dans le cas contraire.

Mais nous pensons que dans aucun cas le greffier ne pourrait juger de la validité du titre, et donner ou refuser son visa, suivant que le titre lui paraîtra ou non valable. Ce serait en effet l'ériger en juge, puisqu'il pourrait ainsi indirectement statuer sur la validité de la saisie.

199 *bis*. — Lorsque le greffier refuse son visa, il n'est, pas plus que le juge de paix, qui refuse son autorisation, tenu de donner les motifs de son refus. Nulle part la loi ne l'y oblige, et ensuite cela pourrait avoir de graves inconvénients pratiques.

200. — Le créancier a-t-il une voie de recours contre le refus de visa de la part du greffier ?

Nous avons vu qu'aucune voie de recours n'était ouverte contre le refus d'autorisation de la part du juge de paix, parce que c'est un acte de juridiction gracieuse. Nous pensons qu'il n'y en a pas davantage contre la décision du greffier.

Est-ce à dire que les créanciers soient absolument exposés, sans garanties, au caprice et même quelquefois à l'animosité du greffier ? Certainement non, et l'on admet, qu'au cas où le créancier se prétendrait lésé par le refus du greffier d'apposer son visa sur son titre, il pourrait s'adresser au juge de paix pour obtenir ce visa. Et qu'au cas ou le refus du visa serait injustifié et aurait causé un préjudice au créancier, le greffier serait passible de dommages-intérêts de la part du créancier requérant ; il pourrait même encourir des peines disciplinaires (1).

201. — Sous quelle forme le visa doit-il être donné ? La loi n'a indiqué aucune formule sacramentelle. Le greffier pourra donc employer telle formule il lui plaira, pourvu qu'il indique nettement que le titre a été vu par lui. Il faut de plus que le visa soit transcrit sur le registre prescrit par l'article 14 et signé par le greffier, sans quoi il n'aurait aucune valeur.

202. — Quand le créancier présente plusieurs titres à la fois, le greffier doit les viser chacun séparément, et chaque visa doit être inscrit sur le registre prescrit par l'article 14. Mais dans ce cas un seul droit peut être reçu.

203. — Il nous reste à propos de l'autorisation et du visa à étudier une question, qui leur est commune et qui est celle de savoir comment un créancier qui veut pratiquer une saisie-arrêt contre un employé ou un fonctionnaire pourra-t-il connaître le montant des appointements ou du traitement de ceux-ci, pour savoir s'il doit procéder suivant les règles du droit commun ou suivant les règles posées par la loi nouvelle ?

____

(1) Voir en ce sens Pabon, n° 151, p. 150.

En ce qui concerne les fonctionnaires il n'y aura généralement pas de difficulté. Le créancier pourra se renseigner près de l'agent chargé du paiement des traitements.

Mais pour les employés, il n'en sera plus de même. Il pourra bien s'adresser au patron, mais il faut prévoir les mauvais vouloirs d'un patron qui se refuse à faire connaître exactement le montant des appointements qu'il paie à son employé. Comment alors devra-t-on procéder ?

La loi nouvelle n'ayant rien dit à ce sujet, il faut résoudre la question à l'aide des principes généraux. Nous pensons que le juge de paix pourra, si le créancier le lui demande, convoquer devant lui le patron, entre les mains duquel la saisie-arrêt doit être opérée, pour lui faire dire quel est le montant des appointements de son employé. Si le patron ainsi convoqué se présente et donne l'indication demandée, il n'y aura plus de difficulté. Mais il pourra arriver qu'il ne se présente pas, ou que s'étant présenté, il donne une indication inexacte. Dans ces deux cas nous estimons que si plus tard la saisie-arrêt vient à être déclarée nulle, parce que les appointements de l'employé étaient supérieurs à 2.000 francs par an, le patron devra être déclaré responsable des frais inutilement faits et pourra même, le cas échéant, être passible de dommages-intérêts de la part du créancier.

CHAPITRE II

DE L'EXPLOIT DE SAISIE-ARRÊT ET DE SES EFFETS
DE LA PROCÉDURE D'INTERVENTION

---

204. — En droit commun, lorsqu'un créancier a fait une saisie-arrêt sur són débiteur, rien n'empêche un autre créancier du même débiteur de faire contre lui une seconde saisie-arrêt. Le législateur de 1895, dans un but d'économie et de célérité, a dérogé à cette règle, en stipulant qu'une seule saisie-arrêt sera possible, et que s'il survient d'autres créanciers, ils devront recourir à une procédure spéciale, qu'il a organisée, et que l'on appelle la procédure d'intervention.

Nous étudierons donc d'abord, quelles sont les formes de la première saisie-arrêt ? Nous verrons ensuite quelles sont les règles de la procédure d'intervention. Puis nous indiquerons quels sont les effets généraux de la saisie arrêt nouvelle et des oppositions.

§ I. — PROCÉDURE DE SAISIE-ARRÊT

205. — La saisie-arrêt régie par la loi nouvelle débute comme celle de droit commun par un exploit d'huissier : c'est l'exploit de saisie-arrêt.

On peut le définir, l'acte par lequel le saisissant s'oppose à ce que le tiers saisi se libère entre les

8

mains du débiteur saisi du dixième du salaire ou du traitement, qu'il lui doit.

206. — Quelles sont les formes de l'exploit de saisie-arrêt ?

L'exploit de saisie-arrêt est régi au point de vue de la forme et de la validité d'abord par les prescriptions générales du Code de procédure civile, qui sont applicables à tous les exploits, et en particulier par le paragraphe 3 de l'article 6 de la loi, qui est ainsi conçu : « l'exploit de saisie-arrêt contiendra en tête l'extrait du titre, s'il y en a un, ainsi que la copie du visa et à défaut du titre, copie de l'autorisation du juge. »

207. — Ainsi donc lorsque la saisie-arrêt est pratiquée en vertu d'un titre, en tête de l'exploit de saisie-arrêt doit être donnée la copie d'un extrait de ce titre. Ordinairement, dans la pratique, on donne en tête de l'exploit, la copie entière du titre, mais cette copie intégrale n'est pas nécessaire. Dans tous les cas cet extrait doit contenir les éléments nécessaires pour connaître le créancier, la nature, la quotité de sa créance, et sa cause.

Cette copie devra comprendre aussi celle du visa, qui a du être apposée sur le titre préliminairement à la saisie-arrêt par le greffier.

208. — Dans le cas où la saisie-arrêt est faite sans titre, en vertu de l'autorisation donnée par le juge de paix, l'exploit doit contenir en tête copie intégrale de l'ordonnance du juge.

209. — La loi nouvelle n'a exigé, pour l'exploit de saisie-arrêt, aucune autre condition de forme spéciale. Il faut évidemment compléter ses dispo-

sitions par l'article 61 du Code de Procédure civile, qui détermine les conditions générales de validité des exploits d'huissiers, et par les articles 559 et suivants du même Code, qui sont spéciaux à l'exploit de saisie-arrêt.

Cet exploit devra donc contenir : la date des jours, mois et an ; les nom, profession et domicile du créancier poursuivant ; les nom, demeure et immatricule de l'huissier ; les nom et demeure du débiteur saisi ; les nom, profession et demeure du tiers-saisi.

Il devra aussi contenir l'évaluation provisoire de la créance quand elle sera indéterminée et l'élection du domicile dans le lieu où demeure le tiers-saisi, si le saisissant n'y demeure pas.

210. — Conformément à l'article 15 de la loi, l'exploit de saisie-arrêt doit être rédigé sur papier libre et enregistré gratis.

211. — En ce qui concerne la signification de l'exploit de saisie-arrêt nous avons déjà donné des explications assez développées sur ce point. Nous avons indiqué que la loi nouvelle avait apporté sur ce point une grave dérogation au droit commun. Qu'il nous suffise donc de renvoyer à nos explications contenues dans les paragraphes 60 et suivants.

212. — L'exploit de saisie-arrêt est le seul acte qui subsiste de la saisie-arrêt de droit commun. Dans la loi nouvelle les formalités de la dénonciation et de la contre-dénonciation ont été supprimées. On avait même dans les travaux préparatoires longuement contesté la nécessité de cet

unique exploit. Mais, à notre avis, c'est avec juste raison, qu'il a été maintenu.

D'une part, en effet, grâce à cet acte, le procès se trouve basé sur un acte authentique.

D'autre part, les frais n'en sont pas beaucoup augmentés, puisque notre loi dispense du timbre et de l'enregistrement tous les actes de la procédure.

Peut-être même le législateur aurait-il dû maintenir les formalités de la dénonciation et de la contre-dénonciation. En effet le seul acte d'huissier, qui reste, est dirigé contre le tiers-saisi. Le débiteur saisi pourra alors ignorer pendant longtemps, sinon la saisie, dont il a été l'objet, du moins les causes de cette saisie.

De plus, en l'absence d'une disposition légale, impartissant au créancier un délai dans lequel il devra faire valider sa saisie-arrêt, il en résultera, que le créancier par calcul, le tiers-saisi par absence d'intérêt, et le débiteur par ignorance, pourront rester pendant longtemps sans requérir la convocation des parties. Et pendant ce temps, les retenues continueront à s'opérer, ce qui causera un grand préjudice au débiteur.

213. — C'est pourquoi pour remédier à cet inconvénient, et en outre, pour permettre au juge de paix et au greffier, après avoir accordé une autorisation ou visé un titre, de savoir, si le créancier a usé de son droit. Le législateur a stipulé dans l'article 8 : que « l'huissier saisissant sera tenu de faire parvenir au juge de paix, dans le délai de huit jours à dater de la saisie, l'original de l'exploit, sous peine d'une amende de 10 francs,

qui sera prononcée par le juge de paix en audience publique. »

L'huissier qui a signifié l'exploit de saisie-arrêt, est donc tenu de faire parvenir au juge de paix, dans les huit jours de la saisie, l'original du dit exploit, sous peine d'amende.

Ce n'est pas d'ailleurs au juge de paix lui-même, que l'exploit doit être remis. Il faut en effet combiner l'article 8 avec l'article 14 qui prescrit la formalité du dépôt de l'exploit, de son inscription par le greffier sur son registre. C'est donc au greffier que l'huissier doit remettre l'original dont il s'agit.

214. — D'après le vœu de la loi, il semble que ce soit l'huissier lui-même, qui devra faire ce dépôt, afin que le greffier puisse lui faire signer l'acte de dépôt, inscrit sur le registre prescrit par l'article 14. Mais ce n'est pas une obligation pour lui : l'article 8 dit en effet que l'huissier sera tenu de faire parvenir et non de déposer l'original de l'exploit de saisie-arrêt. Il pourra donc faire parvenir au greffier l'exploit de saisie-arrêt, soit par lui-même, soit par un mandataire autorisé, tel qu'un clerc de son étude ; mais dans ce dernier cas le dépôt est fait sous sa responsabilité personnelle.

215. — Un commentateur (1) admet même que le créancier lui-même pourrait aussi déposer l'original de l'exploit de saisie-arrêt.

216. — D'autres vont même jusqu'à admettre, qu'au cas où l'huissier n'aurait pas sa résidence

______

(1) Pabon, n° 213, p. 197.

dans le ressort de la justice de paix du débiteur, il pourrait adresser l'original de son exploit au greffier par la poste et par lettre recommandée. Et dans ce cas le récépissé de la poste et la signature du destinataire sur le livret du facteur, seraient pour l'huissier la preuve du dépôt. — Nous ne pensons pas, pour notre part que cette opinion puisse être admise. La loi parle en effet de dépôt, ce qui implique évidemment une remise effective par le déposant lui-même et non un simple envoi par la poste.

D'autre part, ce mode d'envoi est dangereux, parce que la lettre peut s'égarer.

217. — Au moment où le dépôt est fait, le greffier doit dresser sur le registre, prévu par l'article 14, l'acte de dépôt, et le faire signer au déposant. L'huissier déposant pourra réclamer au greffier un récépissé pour prouver qu'il s'est conformé à la loi. Mais, à notre avis, ce récépissé est inutile : l'acte de dépôt signé, prouvant suffisamment que le dépôt a été fait. Et les frais devraient en rester à l'huissier qui l'aurait réclamé.

218. — Dans la pratique, il arrive souvent des difficultés entre les huissiers et les greffiers relativement à la restitution de l'exploit de saisie-arrêt réclamé par l'huissier, après qu'un arrangement est intervenu entre le créancier saisissant et le débiteur; les greffiers ne voulant pas restituer le dit exploit.

Il faut dire qu'en principe, et cela a été jugé, les actes appartiennent à ceux qui les ont faits et payés. Donc un greffier ne peut pas, après que l'affaire est terminée, retenir les actes, qui lui ont été confiés. Mais ce principe doit être combiné avec la loi nouvelle, qui a fait de l'exploit de saisie-arrêt la base de toute la procédure. De sorte que tant que cet exploit demeurera annexé aux pièces, aucun autre exploit de saisie arrêt ne pourra être signifié au même tiers-saisi contre le même débiteur. Si donc, au moment de l'arrangement, aucun autre créancier n'est intervenu, le greffier devra, sur la présentation de la mainlevée de l'opposition, remettre à l'huissier, qui le lui réclame, l'exploit de saisie-arrêt. Mais, si d'autres créanciers étaient intervenus, il devrait refuser de le restituer, puisqu'il est la base de toute la procédure, à moins qu'on ne lui rapporte la mainlevée de l'opposition et des interventions.

219. — Le dépôt de l'original doit, dit l'article 8, être fait dans les huit jours à dater de la saisie, c'est à dire à dater de la signification du dit exploit. On admet que ce délai n'est pas un délai franc, car il ne s'agit ici que d'une simple formalité et non d'un acte fait à personne et à domicile. Il y aurait donc lieu d'augmenter ce délai à raison des distances.

220. — La sanction de cette obligation pour l'huissier consiste dans une amende de 10 francs en cas d'omission ou de retard dans le dépôt. Cette amende doit être prononcée par le juge de paix à l'audience publique, à laquelle il statue sur la validité de la saisie. Il ne saurait en décharger l'huissier, les termes de l'article 8 ont un caractère impératif, qui ne laisse aucun doute à cet égard.

221. — Quant à la sanction des règles de forme auxquelles est soumis l'exploit de saisie-arrêt, il

n'y a pas de difficulté pour les règles du Code de Procédure civile : ce Code détermine en effet quelles sont les conséquences du défaut de l'une des mentions exigées ou de l'inexactitude dans l'une de ces mentions.

Quant aux formalités exigées par la loi nouvelle, sont-elles requises à peine de nullité ? Un commentateur (1) admet la négative, argumentant du silence de la loi sur ce point. Pour notre part, nous sommes portés à admettre la doctrine contraire, et à reconnaître à ces formalités le caractère de formalités substantielles, qui, comme telles, entraînent une nullité absolue.

§ II. — PROCÉDURE D'INTERVENTION.

222. — Nous avons dit que dans un but de célérité et d'économie le législateur avait décidé qu'une seule saisie-arrêt pourrait être autorisée par le juge. Comment devront alors procéder les autres créanciers du même débiteur, pour faire valoir leurs droits, alors qu'une première saisie-arrêt aura été faite ?

La solution de cette question est donnée par le paragraphe 3 de l'article 7, qui dispose : « Une seule saisie-arrêt doit être autorisée par le juge. S'il survient d'autres créanciers, leur réclamation, signée et déclarée sincère par eux, et contenant toutes les pièces de nature à mettre le juge à même de faire l'évaluation de la créance, sera inscrite

____

(1) Pabon, *op. cit.,* n° 217, p. 199.

par le greffier sur le registre exigé par l'article 14.
Le greffier se bornera à en donner avis dans les
quarante-huit heures au débiteur saisi et au tiers-
saisi, par lettre recommandée, qui vaudra opposition. »

223. — Ainsi donc le juge de paix ne peut autoriser qu'une seule saisie-arrêt. La loi ne dit rien
au sujet du greffier : mais nous pensons qu'il y a
sur ce point les mêmes raisons de décider que le
greffier ne peut accorder qu'un seul visa. Lors
donc qu'une première opposition a été faite par
voie d'huissier, soit en vertu de l'autorisation du
juge de paix, soit en vertu d'un visa du greffier,
les autres créanciers ne peuvent plus se faire délivrer une autre autorisation un autre visa. Ils
auront alors recours, pour faire valoir leurs droits,
à une procédure spéciale créée par la loi nouvelle,
et que l'on appelle : la procédure d'intervention.

224. — Cette procédure très simple consiste
dans les formalités suivantes. Ils formuleront
leur réclamation au greffe de la justice de paix.
Cette réclamation devra être signée, déclarée sincère et contenir toutes les déclarations nécessaires
pour permettre au juge de faire l'évaluation de la
créance. Les pièces justificatives y seront annexées.
Le greffier devra inscrire cette réclamation sur
le registre prévu à l'article 14, et en outre
dans les quarante-huit heures, il devra donner
avis au débiteur saisi et au tiers saisi par lettre
recommandée qui vaudra opposition.

Ce délai de vingt-quatre heures n'est pas prescrit à peine de nullité ; mais le greffier, en ne s'y
conformant pas, serait responsable, au cas où sa

négligence aurait eu pour effet de faire perdre au créancier réclamant le bénéfice de son opposition.

225. — C'est donc une obligation pour le juge de paix et le greffier de ne délivrer qu'une seule autorisation et qu'un seul visa. Lorsqu'ils voudront savoir s'ils ont déjà donné une autorisation ou un visa, ils n'auront qu'à consulter le registre prévu par l'article 14, qui doit porter la mention des visas et des autorisations accordées.

Et lorsqu'un créancier demandera une autorisation ou un visa, ils devront les refuser, tant que la main-levée de la première saisie n'est pas rapportée.

226. — Cette doctrine, quoique conforme au texte de la loi, donne cependant ouverture à une fraude facile à commettre de la part du débiteur saisi. S'il est vrai, en effet, que lorsqu'une première saisie a été pratiquée, le juge ne doit plus délivrer d'autorisation et le greffier ne doit plus donner de visa, le débiteur de mauvaise foi pourra s'entendre avec un de ses amis, qui se hâtera de demander une autorisation ou un visa, et ne fera pas de saisie-arrêt.

De cette façon le salaire du débiteur se trouverait ainsi à l'abri de toute saisie-arrêt.

Mais il y a un moyen de remédier à cette fraude. Le juge de paix pourra dans ce cas mettre le créancier, qui aura obtenu l'autorisation, en demeure d'avoir à déposer l'original de son exploit de saisie-arrêt au greffe dans un délai, passé lequel il sera considéré comme ayant renoncé à sa poursuite. Ce délai passé, sans que l'original ait été déposé, le juge pourra alors donner une autorisation à un second créancier ; de même le greffier pourrait donner un second visa. Mais cette nouvelle autorisation et ce nouveau visa devront indiquer le motif qui les a rendu nécessaires.

227. — La règle posée par l'art. 7, § 3 doit être restrictivement renfermée dans les limites que comporte l'esprit de la loi. En stipulant qu'une seule saisie-arrêt doit être autorisée, le législateur a envisagé spécialement le cas où toutes les parties restent les mêmes. Si donc l'une de ces parties vient à changer que faudra-t-il décider ? Si, par exemple, le débiteur saisi change de patron, c'est là une hypothèse qui est de nature à se présenter souvent dans la pratique, en raison de la facilité avec laquelle les ouvriers se déplacent surtout dans les grandes villes, le créancier saisissant devra-t il signifier au nouveau patron un nouvel exploit de saisie-arrêt, après avoir obtenu préalablement une autorisation ou un visa, suivant la distinction adoptée plus haut ? Nous admettons l'affirmative, comme étant conforme à l'esprit général de la loi.

228. — De même lorsque l'ouvrier ou l'employé travaille chez plusieurs patrons à la fois, ce qui arrive fréquemment pour les tâcherons, le créancier devra faire une saisie-arrêt entre les mains de chaque patron. Il devra alors pour cela leur signifier à chacun un exploit distinct.

229. — Mais supposons que, sans changer de patron, l'ouvrier vienne à changer de domicile dans le cours de la procédure de saisie-arrêt.

Cette hypothèse a soulevé une question assez délicate à résoudre.

Quel sera le juge compétent, au cas où un autre créancier aurait fait une seconde saisie-arrêt, en vertu de l'autorisation délivrée par le second juge, dans l'ignorance qu'il était d'une première saisie-arrêt ? Il est évident, en effet, que pour une seule créance deux procédures de saisie-arrêt et de distribution ne peuvent se poursuivre parallèlement. Il faut donc, s'il y a deux juges de paix saisis, que l'un des deux se dessaisise. Quel est celui qui devra se dessaisir ?

La loi nouvelle étant muette sur ce point, il faut, croyons-nous résoudre la question à l'aide du principe posé par l'article 171 du Code de Procédure Civile, en matière de connexité. Et décider que le juge de paix compétent sera celui du domicile actuel du débiteur saisi. Le juge de paix de l'ancien domicile devra donc se dessaisir, dès qu'il connaîtra la procédure nouvelle, par un jugement de renvoi, et les créanciers de l'ancien domicile devront faire inscrire leurs réclamations par intervention dans les termes de la loi.

En cas de conflit on procédera à un règlement de juge.

230. — Si un créancier, postérieurement à une première saisie-arrêt, en formait une nouvelle par exploit d'huissier, au lieu de procéder par intervention, devrait-on déclarer cette seconde saisie nulle et non avenue ? Nous ne le pensons pas. Le créancier serait toujours considéré comme opposant ; seulement les frais de l'exploit resteraient à sa charge.

§ III. — Des effets de la saisie-arrêt et des oppositions

231. — La loi nouvelle n'a rien dit au sujet des effets de l'exploit de saisie-arrêt ou des oppositions. Son silence a cet égard indique nettement qu'elle a entendu s'en référer sur ce point au droit commun.

D'une manière générale on peut dire que l'exploit de saisie arrêt n'exproprie pas le saisi de sa créance, qui fait toujours partie de son patrimoine, mais elle la met sous la main de justice.

On peut résumer les effets de l'exploit de saisie-arrêt en droit commun, dans les quatre propositions suivantes :

1" Le tiers saisi ne peut plus payer le saisi.

2° La créance de ce dernier devient indisponible jusqu'à concurrence des causes de la saisie.

3° Le tiers saisi ne peut opposer au saisissant la compensation qui s'opérerait ensuite entre lui et le saisi.

4° La prescription ne court plus contre le saisi au profit du tiers-saisi.

Etudions chacun de ces effets dans la loi nouvelle.

232. — 1° *Paiement.* A partir de l'exploit de saisie-arrêt le patron ne peut donc plus payer à son ouvrier ou à son employé le montant intégral de son salaire ou de ses appointements. Il doit conserver par devers lui le dixième de ce salaire, jusqu'à ce qu'il ait été statué sur la validité de la saisie. Mais il peut et doit même payer à son ouvrier tout ce qui excède le dixième saisissable.

L'article 7 § 2 stipule en effet : « le débiteur pourra toucher du tiers-saisi la portion non saisissable de ses salaires, gages ou appointements ». Et au cas ou le patron refuserait ce paiement, il engagerait sa responsabilité.

Si le tiers-saisi, pour un motif quelconque, se dessaisit ou paie, le paiement est nul au regard du saisissant, et il peut être forcé de payer une seconde fois conformément à l'article 1242 du Code civil.

Il y a cependant des exceptions à cette règle, par exemple dans le cas ou le tiers-saisi paie au Trésor public les contributions dont le saisi était débiteur (loi du 12 novembre 1808). De même aussi au cas où le tiers-saisi fait des paiements qui ne nuisent pas aux créanciers saisissants.

Le tiers-saisi ne peut pas d'avantage payer au saisissant qui n'est pas encore son créancier.

233. — Mais ne peut-il pas se libérer en faisant des offres réelles et en consignant la somme due ?

En droit commun la doctrine et la jurisprudence admettent que le tiers-saisi a la faculté de consigner, dès que la saisie-arrêt lui a été signifiée. Jouit il également de cette faculté dans notre loi ?

A notre avis la négative doit être admise. Le texte de l'article 11, en effet, donne aux créanciers colloqués une action directe contre le tiers-saisi. Ce qui semblerait indiquer que le législateur a voulu que le patron fasse lui-même les retenues et paie ensuite aux créanciers colloqués, sans pouvoir se libérer auparavant par les offres réelles et la consignation.

234. — *2° Indisponibilité de la créance saisie-arrêtée*. En droit commun la saisie-arrêt frappe la créance saisie arrêtée d'indisponibilité. En notre matière cet effet sera nécessairement limité, et l'indisponibilité ne portera pas sur la partie du salaire ou du traitement qui n'est pas saisissable, mais produira son plein effet sur la partie saisissable.

De ce que l'indisponibilité ne porte que sur le dixième saisissable, résultent un certain nombre de conséquences que nous devons indiquer.

Tout d'abord le patron pourra, et devra même, nous l'avons dit plus haut, payer à son ouvrier, ou à son employé tout ce qui reste disponible sur son salaire ou ses appointements.

Le patron pourra, conformément à l'article 4, compenser ce qu'il peut devoir à son ouvrier ou à son employé, avec ce que celui-ci peut lui devoir, dans la mesure de la portion non saisissable bien entendu.

Le patron pourra également, conformément à l'article 5, retenir sur le dixième qui lui est réservé pour cela les avances en espèces qu'il a pu faire à son ouvrier ou à son employé.

Enfin l'ouvrier pourra céder le dixième cessible.

235. — Quel est le caractère de l'indisponibilité qui résulte de la saisie-arrêt ? Cette question est très discutée à propos de la saisie-arrêt de droit commun. La jurisprudence et la majorité des auteurs admettent que cette indisponibilité est totale et relative. C'est aussi la doctrine que nous admettons.

Il résulte de l'indisponibilité totale du dixième saisi-arrêté, que le saisi ne peut ni faire remise au tiers-saisi de ce dixième dont il est tenu, ni lui accorder un terme, ni opérer une novation, ni le céder.

En droit commun il y a une grave controverse au sujet du réglement des droits des créanciers saisissants en concours avec des créanciers cessionnaires. Mais cette controverse ne peut plus se présenter dans la loi nouvelle, puisque nous avons admis que le dixième saisissable était incessible et réciproquement.

De l'indisponibilité relative, il résulte qu'elle ne peut être invoquée que par le créancier saisissant.

236. — 3° *Compensation.* En ce qui concerne la compensation, nous n'avons rien ici à ajouter à ce que nous avons dit à ce sujet en étudiant les articles 4 et 5 de la loi, dans les numéros 122 et suivants.

237.—4° *Interruption de la prescription.* L'exploit de saisie-arrêt signifié au tiers-saisi interrompt la prescription qui peut courir en faveur du tiers-saisi contre le saisi, conformément à l'article 2244 du Code civil, qui dispose qu' « une saisie signifiée à celui qu'on veut empêcher de prescrire forme l'interruption civile. » Il en résulte que ce tiers, au profit de qui le délai de la prescription était peut-être à la veille de s'accomplir, ne peut plus l'opposer ni au saisi son créancier, ni au saisissant créancier de son créancier.

Mais l'exploit de saisie-arrêt interrompt-il la prescription qui court au profit du saisi contre le saisissant ? Nous ne le pensons pas, car il est de règle que la prescription ne s'interrompt que par un acte dirigé contre la personne même, qui est en voie de prescrire.

Au contraire, l'avertissement adressé au débiteur saisi, aux fins de convocation devant le juge de paix, prévu à l'article 9 de la loi, aurait, à notre avis, pour effet d'interrompre cette prescription, car cet avertissement est en réalité équivalent à un exploit, puisque le juge peut donner défaut contre les intéressés régulièrement avertis qui ne comparaissent pas (1).

(1) Pabon, *op. cit.*, n° 83, p. 94.

CHAPITRE TROISIÈME

PROCÉDURE DE LA VALIDITÉ DE LA SAISIE-ARRÊT

238. — La saisie-arrêt a été pratiquée en vertu d'un titre ou de l'autorisation du juge ; l'exploit a été déposé au greffe de la justice de paix, on arrive alors à l'instance en validité. Comment a-t-elle été organisée dans la loi nouvelle ? C'est ce que nous allons examiner. Nous étudierons à ce propos successivement les questions suivantes :

1° Compétence du juge de paix ;

2° Procédure de validité proprement dite ;

3° Déclaration affirmative ;

4° Jugement de validité et derniers recours dont il est susceptible ;

5° Effets du jugement de validité ;

6° Main levée de la saisie-arrêt.

§ I. — COMPÉTENCE DU JUGE DE PAIX

239. — La question de l'étendue de la compétence du juge de paix en notre matière est une des plus importantes de notre étude. Il nous faut donc l'étudier d'une façon aussi complète que possible.

Nous savons qu'il y a deux sortes de compétence, l'une à raison du domicile du défendeur, appelée compétence *ratione loci* ou *ratione per-*

sonæ ; l'autre à raison de la matière, appelée compétence *ratione materiæ*.

240. — En ce qui concerne la compétence *ratione personæ* du juge de paix en matière de saisie-arrêt, nous en avons déjà dit quelques mots avant d'aborder l'étude de l'article 6. Nous avons vu que seul le juge de paix du domicile du débiteur saisi était compétent pour autoriser la saisie-arrêt. Il nous reste seulement quelques mots à ajouter.

Le même juge de paix est seul compétent pour statuer sur la validité de la saisie-arrêt.

Si le débiteur est étranger le juge de paix compétent sera celui du domicile du saisissant, conformément à l'article 14 du Code civil.

Si le débiteur est français, mais domicilié à l'étranger, le juge compétent sera celui de son dernier domicile connu en France. Au cas où le domicile réel en France du débiteur saisi serait inconnu, le juge compétent serait celui du domicile du saisissant par application de l'article 69, n° 8 du Code de Procédure civile.

Enfin la disposition de l'article 570 du Code de Procédure civile, qui dit, qu'au cas où la déclaration affirmative est contestée, le tiers saisi pourra demander son renvoi devant son juge naturel, ne s'appliquera jamais dans la loi nouvelle.

241. — Nous arrivons maintenant à la compétence *ratione materiæ.* Pour déterminer quelles sont les limites de cette compétence, il faut distinguer très nettement deux questions.

242. — Le juge de paix peut en effet avoir à statuer sur deux choses, suivant que le saisissant a ou n'a pas de titre.

Lorsque le créancier a un titre, la mission du juge est unique, il n'a qu'à statuer sur la validité de la saisie-arrêt.

Lorsqu'au contraire le créancier n'a pas de titre, la mission du juge est double : il est appelé à statuer d'abord sur la créance du saisissant et ensuite sur la validité de la saisie arrêt.

Il faut donc déterminer dans quelles mesures le juge de paix est compétent, soit pour statuer sur la créance, soit pour statuer sur la validité de la saisie-arrêt.

Trois systèmes ont été proposés pour trancher cette question :

243. — Un premier système, qui avait été adopté par la Chambre des Députés dans la séance du 27 juin 1893, consistait à admettre que le juge de paix serait compétent aussi bien pour statuer sur la créance du saisissant, que sur la validité de la saisie-arrêt, mais seulement dans les limites de sa compétence, telle qu'elle est fixée par la loi de 1838. De sorte que si la créance du saisissant était supérieure à 200 francs, le juge de paix aurait été compétent pour autoriser la saisie, mais non pas pour la valider, et il aurait dû renvoyer devant le Tribunal civil.

Ce système était très critiquable. La Chambre n'avait pas voulu rompre avec les vieux errements du Code de Procédure et apporter une dérogation à la loi de 1838. Elle espérait d'ailleurs que la loi sur l'extension de la compétence des juges de paix serait bientôt votée.

D'autre part était-il sage, utile et même juste, après avoir donné compétence au juge de paix

pour autoriser la saisie-arrêt, quel que fut le chiffre
de la créance du saisissant, et pour tenter la conciliation des parties, de l'obliger à se dessaisir
ensuite de l'affaire.

244. — Un second système, qui avait été proposé
par M. Thellier de Pourbeville, tendait à attribuer
compétence absolue au juge de paix, tant pour
statuer sur la créance du saisissant que sur la
validité de la saisie-arrêt et cela quel que fut le
montant de la créance du saisissant.

Ce système très simple attribuait donc au juge
de paix une compétence spéciale pour la saisie-
arrêt pratiquée sur les salaires en vue de recouvrement d'une créance. Mais la Commission du Sénat
a pensé qu'un tel système offrirait des dangers et
qu'en demandant à la fois la validité de la saisie-
arrêt et le paiement de sa créance, le créancier
arriverait trop facilement à échapper à la juridiction des tribunaux, et qu'il serait souvent disposé à abuser de cette procédure pour se procurer,
à peu de frais, un titre exécutoire contre le débiteur (1).

245. — C'est donc à un troisième système intermédiaire que s'est arrêté le législateur. Aux termes
de l'article 9, le juge de paix sera toujours compétent pour statuer sur la validité de la saisie-arrêt,
quel que soit le montant de la créance du saisissant. Mais il ne statuera qu'en premier ressort,
lorsque la créance excédera cent francs ; il statuera
au contraire en dernier ressort lorsqu'elle sera
inférieure à cent francs.

(1) Sénat, session 1894, annexe séance du 29 juin 1894.

Quant à l'existence de la créance, elle reste soumise aux principes formulés par la loi de 1838. Si elle excède sa compétence, il devra surseoir à statuer sur la validité de la saisie-arrêt, jusqu'à ce que le Tribunal compétent ait statué sur le sort de cette créance ; les parties reviendront ensuite devant lui, pour qu'il statue sur la validité de la saisie-arrêt.

246. — On a reproché à ce système d'avoir pour conséquence de faire trainer en longueur une procédure, que l'on voulait au contraire rendre plus simple et plus économique. Ce reproche est, à notre avis, bien fondé. Et pour notre part nous serions portés à admettre le système préconisé par M. Thellier de Pourbeville, comme étant conforme à l'esprit général de la loi.

247. — L'article 9 stipule que le juge de paix prononcera sans appel dans les limites de sa compétence. On a discuté sur le point de savoir ce qu'il avait entendu dire par là. D'après la loi du 25 mai 1838, le juge de paix peut statuer en dernier ressort jusqu'à 100 francs, et en premier ressort jusqu'à 200 francs. Quelle dérogation la loi nouvelle a-t-elle apporté sur ce point ?

D'après l'avis des juges de paix des vingt arrondissements de Paris, réunis en conférence pour l'application de la loi, les mots « dans la limite de sa compétence » doivent s'entendre en ce sens que le juge de paix peut statuer sans appel, si la valeur du litige n'excède pas 200 francs. Mais suivant nous cette interprétation est contraire à l'intention du législateur, qui, à notre avis, a entendu se référer purement et simplement à la loi de 1838. Il faut donc conclure que le juge de paix pourra statuer en dernier ressort, si la demande ne s'élève pas au-dessus de 100 francs, et en premier ressort seulement dans le cas contraire.

§ 2. — Procédure de validité proprement dite

248. — En droit commun, aux termes des articles 563 et 564 du Code de Procédure Civile. après avoir fait signifier l'exploit de saisie-arrêt au tiers-saisi, le créancier doit le dénoncer au saisi et assigner en même temps ce dernier en validité. Il doit de plus, s'il n'a pas de titre exécutoire, contre-dénoncer la dénonciation au tiers-saisi, et l'assigner en déclaration affirmative.

Le mécanisme de cette procédure a été entièrement modifié et simplifié par le législateur de 1895. Les formalités de dénonciation et de contre-dénonciation ont été supprimées et remplacées par la réquisition de convocation des parties, que le créancier saisissant, le débiteur ou le tiers-saisi adressent au juge de paix.

Il y a donc sur ce point une grande différence avec le droit commun, où le saisissant seul peut requérir la continuation de la procédure.

249. — Dans quelle forme doit se faire cette réquisition ? Suivant certain commentateur (1) cette réquisition doit se faire sous forme de requête. Mais, suivant nous, ce n'est pas une obligation, la loi étant muette sur ce point. Nous pensons qu'elle pourrait aussi bien être faite de vive voix au

(1) Pabon, n° 245, p. 219.

greffier ; l'article 9 parle d'ailleurs de déclaration.

La loi ne fixe aucun délai pour formuler la réquisition de convocation des parties. bien qu'elle remplace l'assignation en validité, qui en droit commun doit être donnée à peine de nullité dans la huitaine de la saisie-arrêt.

250. — Les greffier est tenu de consigner la déclaration de réquisition sur le registre spécial prévu à l'article 14.

Dans les quarante huit heures de cette réquisition, il est tenu d'adresser au saisi, au tiers-saisi et à tous autres créanciers opposants, un avertissement recommandé à comparaître devant le juge de paix à l'audience que celui-ci aura fixée.

Le greffier doit donc, lorsqu'il a reçu une réquisition, en référer au juge de paix, pour que ce dernier fixe l'audience pour laquelle les parties devront être convoquées.

251. — Le législateur de 1895 n'a posé aucune règle relativement à ses convocations adressées aux parties. De là sont nées des difficultés.

On s'est demandé d'abord quel caractère il fallait leur attribuer ? Si on devait les considérer comme des citations et leur appliquer les règles posées dans le Code de Procédure civile pour les citations, ou si au contraire ces règles ne leur étaient pas applicables ?

La jurisprudence, et, avec raison, à notre avis, s'est arrêtée à la première solution. Pour elle ces convocations valent citations. De là les conséquences suivantes :

Elles devront être envoyées, de manière à laisser entre le jour de leur réception et celui de l'audience, le délai fixé par l'article 5 du Code de Procédure. On devra également tenir compte des distances.

Si le destinataire refuse la lettre recommandée qui lui est envoyée, ou si régulièrement convoqué, il ne comparait pas, défaut sera donné contre lui.

Si l'une des parties est sans domicile où résidence connu, la lettre recommandée, à elle destinée, devra être adressée au Parquet du Procureur de la République.

Enfin ces avertissements par lettre recommandée interrompent la prescription comme les citations par huissier.

252. — Les avertissements ayant été régulière ment envoyés, la cause est mise au rôle pour le jour fixé par le juge paix. On arrive ainsi à l'audience. Divers cas peuvent se présenter.

Faisons d'abord observer que les parties peuvent comparaître en personne ou par mandataire, muni d'une procuration spéciale, authentique et enregistrée.

1er cas : Toutes les parties comparaissent. Dans ce cas pas de difficulté, la procédure suit son cours régulier.

2e cas : Quelques-unes d'entre elles ne comparaissent pas.

Si le créancier saisissant est seul demandeur et fait défaut, le juge de paix rend alors un jugement de défaut-congé, par lequel il le déboute de sa demande.

Si outre le créancier saisissant, il y a des créanciers opposants et que quelques-uns seulement d'entre eux fassent défaut, le juge de paix donne défaut-congé contre les non-comparants et statue en même temps contradictoirement entre les comparants.

Si c'est le saisi, qui fait défaut, le juge de paix donne défaut contre lui et adjuge aux demandeurs leurs conclusions.

253. — De ce que nous venons de dire il résulte que la procédure de défaut profit joint n'est jamais appliquée, au cas où plusieurs demandeurs étant en présence, quelques-uns seulement font défaut. Dans ce cas, nous l'avons dit, le juge de paix doit statuer par défaut, contre les défaillants et contradictoirement à l'égard des comparants. On admet d'ailleurs que cette règle s'applique également à la procédure de saisie-arrêt en droit commun (1).

§ III. — Déclaration affirmative

254. — En droit commun l'assignation en déclaration affirmative ne peut avoir lieu qu'en vertu d'un titre authentique ou d'un jugement de validité. Le législateur de 1895 a dérogé à cette règle et a édicté que le tiers-saisi devra sur simple avertissement, qui lui sera envoyé en même temps que ceux adressés aux créanciers saisissants et opposants et au saisi, se présenter à l'audience, que le juge de paix aura fixée, et qu'il devra faire sa déclaration séance tenante.

Diverses hypothèses peuvent encore ici se présenter.

(1) Rousseau et Laisney, n° 429.

255. — *1re Hypothèse. Le tiers-saisi comparaît et fait sa déclaration affirmative :*

Observons d'abord que l'on admet que le tiers-saisi, qui ne veut pas comparaître en personne, peut comparaître par un mandataire muni d'une procuration spéciale et authentique. L'article 572 du Code de procédure l'admet pour la saisie-arrêt de droit commun, il n'y a pas de raison pour ne pas l'admettre dans la loi nouvelle : cette disposition n'ayant rien de contraire à son esprit.

Il est également certain que si sa déclaration affirmative est contestée, le tiers-saisi ne pourra demander à être renvoyé devant ses juges naturels : nous nous sommes expliqués sur ce point précédemment (1).

256. — Quant à la question de savoir si l'article 571 du Code de procédure peut s'appliquer ici, c'est à dire si le tiers-saisi n'étant pas domicilié dans le même canton que le débiteur saisi, pourra faire sa déclaration devant le juge de paix de son domicile? Il semble que l'on doit répondre par la négative. Le paragraphe 3 de l'article 9 porte en effet expressément que le tiers-saisi fera sa déclaration audience tenante. Mais il faut observer que dans sa partie finale, il édicte une sanction contre le tiers-saisi qui ne comparaîtra pas, ou qui ne fera pas sa déclaration. On doit donc admettre que le législateur, à moins d'avoir édicté une disposition inutile, a entendu donner au tiers-saisi le droit de faire sa déclaration en dehors de l'audience.

(1) Voir en ce sens : Jug. Trib. de paix d'Amiens, 16 avril 1896 (La loi 7 janvier 1897).

257. — Le tiers-saisi pourrait-il faire sa déclaration affirmative par lettre recommandée adressée au greffier ? Nous ne le pensons pas. Le texte de la loi exige en effet la présence du tiers-saisi, ou tout au moins de son mandataire, puisque nous avons admis qu'il pouvait se faire représenter par un mandataire. C'est ce qu'a d'ailleurs décidé un jugement de la justice de paix de Châteaudun du 31 juillet 1895 (1) aux termes duquel la déclaration affirmative faite par lettre recommandée adressée au greffier doit être considérée comme nulle et non avenue ; qu'en conséquence défaut doit être donné contre le tiers-saisi, qui doit être dans ce cas considéré comme non comparant.

258. — Ces principes étant posés, que doit comprendre la déclaration du tiers-saisi ?

Le législateur de 1895 ne s'étant pas expliqué sur ce point, il faut en conclure qu'il n'a pas entendu déroger au droit commun. En conséquence la déclaration devra énoncer, aux termes de l'article 573 du Code de procédure, le montant du salaire quotidien, mensuel ou annuel du saisi, les acomptes versés, les causes de libération, si le tiers-saisi n'est plus débiteur ; et dans tous les cas les oppositions formées entre ses mains. De même aussi elle devra indiquer les transports qui auraient pu être signifiés, ainsi que les causes de compensation que le patron serait en droit d'opposer.

L'article 574 du Code de procédure dit en outre que le tiers-saisi devra déposer à l'appui de sa

____

(1) (*Lois nouvelles*, 1895, 1, 456).

déclaration des pièces justificatives. Cet article s'applique également à notre matière. Aucun délai ne lui est imparti pour effectuer ce dépôt ; il suffit qu'il soit fait avant le jugement définitif.

259. — Au sujet des saisies-arrêts opérées entre les mains des fonctionnaires, dépositaires ou administrateurs de deniers publics, il suffira de se référer au décret du 18 août 1807, qui n'a pas été abrogé par la loi de 1895. En conséquence au lieu d'adresser à ces fonctionnaires un avertissement à comparaître à l'audience, le greffier leur demandera simplement le certificat prescrit par l'article 6 du décret précité. — Si le comptable n'envoyait pas ce certificat le saisissant devrait le lui réclamer et le remettre au juge de paix. En cas de négligence de sa part à ce sujet, le juge devrait donner main-levée de la saisie, sauf recours du saisissant contre le comptable.

260. — *2ᵉ hypothèse. Le tiers-saisi ne comparaît pas ou refuse de faire sa déclaration affirmative :*

En droit commun, aux termes de l'article 577 du Code de procédure, le tiers-saisi, qui ne fera pas sa déclaration ou n'apportera pas les pièces justificatives, sera déclaré débiteur pur et simple des causes de la saisie. La loi nouvelle a dérogé à cet article en déclarant que, dans ce cas, le tiers-saisi sera déclaré débiteur pur et simple des retenues non opérées et condamné aux frais par lui occasionnés.

Cette dérogation au droit commun était absolument nécessaire, car dans la plupart des cas, le montant des causes de la saisie aurait dépassé le dixième du salaire ou du traitement du débiteur.

Le juge de paix devra donc, dans son jugement de validité de la saisie, condamner le tiers-saisi comme débiteur pur et simple des retenues qu'il aurait dû effectuer depuis la signification de l'exploit de saisie-arrêt, ordonner que désormais il devra retenir le dixième du salaire jusqu'à concurrence des causes de la saisie, sous peine, à défaut par lui de le faire, d'en être déclaré débiteur pur et simple, enfin il devra le condamner en tous les dépens occasionnés par son défaut de comparution.

261. — Mais comment fixer le montant des retenues non opérées, puisqu'il n'y à pas eu de déclaration pour les faire connaître ? Cette question peut être tranchée facilement à l'aide de ce que nous avons dit dans le commentaire de l'article 6. Nous avons admis que le saisissant devait indiquer sous sa responsabilité le quantum du traitement ou du salaire à saisir. On pourra ainsi facilement déterminer les retenues, qui devaient être faites.

262. — Le refus par le tiers-saisi de faire sa déclaration, en cas de comparution lui ferait encourir les mêmes condamnations.

263. — *3ᵉ hypothèse. Le tiers-saisi fait sa déclaration, mais elle est contestée :*

Sa contestation peut être de deux sortes : elle peut porter sur le montant du salaire ou du traitement du débiteur saisi, ou bien sur la somme qui est due actuellement au débiteur saisi.

Le juge de paix sera également compétent pour trancher ces contestations, tant naturellement que l'intérêt en litige ne dépassera pas les limites de sa compétence, telle qu'elle est régie par la loi de 1838. Au-delà de deux cents francs, il devrait donc se déclarer incompétent. Il en serait de même si la contestation, à raison de sa nature, rentrait dans les attributions des tribunaux de commerce, comme celles relatives au traitement des commis des marchands, ou encore dans celles d'un tribunal administratif, comme les contestations relatives au traitement d'un fonctionnaire.

Dans ce cas, le juge de paix devrait renvoyer le litige à la juridiction compétente, et surseoir à statuer jusqu'à ce qu'il ait été tranché.

Si la contestation est de sa compétence, il tranchera. Si d'après les explications et les pièces, il reconnaît que la déclaration est juste. il rendra un jugement, comme s'il n'y avait pas eu de contestation. S'il reconnaît au contraire que la déclaration est inexacte, il condamnera le tiers-saisi au paiement des retenues faites ou à faire, aux dépens de l'incident, et, le cas échéant à des dommages-intérêts envers le saisissant.

§ IV. — JUGEMENT DE VALIDITÉ ET DES VOIES DE RECOURS, DONT IL EST SUSCEPTIBLE

264. — La déclaration affirmative étant faite et toutes les contestations à son sujet ayant été tranchées, le juge de paix rend son jugement. Ce peut être un jugement de validation ou un jugement d'annulation.

Au 1er cas deux hypothèses peuvent se présenter :

1° *Il n'y a qu'un créancier saisissant*. Dans ce cas le juge fixera le montant de sa créance, donnera acte au tiers-saisi de ce qu'il aura déclaré avoir retenu, lui ordonnera de continuer à opérer des retenues et de les verser entre les mains du saisissant jusqu'à parfait paiement de sa créance et des frais, qu'il fixera.

2° *Il y a des créanciers intervenants.* Dans ce cas le jugement sera modifié sur deux points : il devra déclarer bonnes et valables les oppositions, et dira que les retenues faites et à faire seront réparties postérieurement ainsi que de droit.

Au cas d'annulation de la saisie-arrêt, le juge devra donner les motifs de cette annulation, donner main-levée de sa saisie, et condamner le saisissant aux dépens, même à des dommages-intérêts le cas échéant.

265. — Le législateur de 1895 a dans l'article 10 de la loi édicté des règles spéciales pour la signification du jugement rendu par le juge de paix et pour les voies de recours ouvertes contre ce jugement.

En droit commun, aux termes de l'article 156 du Code de procédure, un jugement par défaut doit être signifié à la partie défaillante par huissier commis. La loi nouvelle a dérogé à ce principe. Le premier alinéa de l'article 10 dispose en effet :

« Si le jugement est rendu par défaut, avis de ces dispositions sera transmis par le greffier à la partie défaillante par lettre recommandée dans les cinq jours du prononcé ».

Ainsi donc lorsque le jugement sera par défaut, il ne sera ni levé, ni signifié. Le greffier devra simplement transmettre ses dispositions par lettre recommandée à la partie défaillante, dans les cinq jours du prononcé, le délai de cinq jours n'est pas un délai franc : il en résulte qu'on ne devra pas compter le *dies a quo* dans tous les cas, et le *dies ad quem* seulement quand le dernier jour du délai est un jour férié. On devra également ment tenir compte des distances.

Lorsque le jugement est contradictoire, il n'a pas besoin d'être signifié, car le débiteur saisi et le tiers-saisi étant présents à l'audience, connaissent certainement la teneur du jugement.

La sanction de ces dispositions consiste en ce que le juge de paix ne devrait pas faire entrer en compte les frais que le créancier aurait fait inutilement.

266. — Au sujet des voies de recours ouvertes contre le jugement de validité, la loi nouvelle admet expressément l'opposition et l'appel, au sujet desquelles, il a établi quelques règles particulières.

Il ne résulte pas de là que ce soit les deux seules voies de recours possibles. Le jugement de validité est également susceptible des voies de recours extraordinaires de droit commun. Le législateur de 1895 n'ayant pas posé à leur sujet de règles spéciales, les règles ordinaires du Code, leur sont donc explicables.

267. — *Opposition*. En matière ordinaire, l'opposition contre un jugement par défaut peut être formée jusqu'à l'exécution de ce jugement (art. 158, C. Proc.).

La loi de 1895 a dérogé sur ce point au droit commun et cela dans un but de célérité. Aux termes du paragraphe 2 de l'article 10, l'opposition n'est recevable que dans les huit jours de la date de la lettre recommandée, par laquelle le greffier avise les parties défaillantes du jugement prononcé contre elles.

Par date de la lettre, le législateur a entendu évidemment le jour de sa mise à la poste : car il peut très bien se faire qu'une lettre écrite et datée ne soit mise à la poste que plusieurs jours après.

Ce délai de huit jours n'est pas non plus un délai franc : on devra ne pas compter le *dies a quo* et le *dies ad quem* seulement quand le dernier jour du délai est un jour férié. On devra également tenir compte des distances.

On admet aussi que le juge de paix pourrait proroger le délai d'opposition par application de l'article 21 du Code de procédure.

268. — En quelle forme doit se faire l'opposition ? En droit commun, elle se fait par un simple acte d'huissier. La loi nouvelle a dérogé sur ce point au droit commun, en stipulant que l'opposition se fait par une déclaration au greffe de la justice de paix, déclaration, qui doit être inscrite par le greffier sur le registre prévu à l'article 14. Cette déclaration peut être faite par la partie défaillante en personne ou par son mandataire muni d'une procuration régulière. Mais elle ne pourrait pas, suivant nous, être faite par lettre recommandée adressée au greffier, car l'article 10 porte expressément que l'opposition consistera dans une déclaration, et qui semble bien indiquer, que le législateur a voulu qu'elle fut faite de vive voix.

269. — L'opposition étant régulièrement formée, le greffier doit convoquer toutes les parties intéressées par lettre recommandée et pour la plus prochaine audience utile. Par parties intéressées il faut entendre toutes celles qui ont été portées au jugement par défaut.

Le jugement qui statuera sur l'opposition sera toujours contradictoire à l'égard de toutes les parties, même s'il y en a, qui font défaut. C'est encore là une dérogation au droit commun, contenu dans l'article 22 du Code de procédure. En sorte que ce jugement ne sera plus susceptible d'une nouvelle opposition : l'appel seul dans ce cas serait recevable.

270. — *Appel.* Au sujet de l'appel le législateur de 1895 a encore apporté une dérogation aux règles du droit commun. En effet aux termes de l'article 443 du Code de procédure, l'appel d'un jugement n'est recevable qu'à partir du jour de la signification à personne ou à domicile. Donc celui qui veut former appel d'un jugement doit avant tout le signifier. La loi nouvelle dispose au contraire qu'il n'est pas besoin de signifier le jugement pour pouvoir en interjeter appel. On peut le faire à partir du prononcé du dit jugement.

271. — Quant aux formes de l'appel, le législateur de 1895 n'a rien dit à ce sujet. Nous en concluons, qu'il doit, comme en droit commun, être fait par exploit d'huissier, signifié à toutes les parties en cause.

272. — Pour le délai il est de dix jours dans tous les cas, au lieu de deux mois en droit commun. Le point de départ seul varie suivant

que le jugement est contradictoire ou par
défaut.

Dans le premier cas, le délai court du jour du
prononcé du jugement.

Dans le second, à partir seulement de l'expiration des délais d'opposition.

On admet aussi que ce délai n'est pas franc.
Quant à la procédure de l'appel, elle est la même
qu'en droit commun.

§ V. — Effets des jugements de validité

273. — Le jugement de validité produit un double
effet.

Il condamne le débiteur saisi à payer au saisissant le montant des causes de la saisie-arrêt, s'il
n'y avait pas déjà titre exécutoire.

Il condamne en second lieu le tiers-saisi à
verser entre les mains du saisissant, jusqu'à
concurrence des causes de sa créance, toutes les
sommes qu'il a dû retenir depuis l'exploit de
saisie-arrêt. Et si ces sommes sont insuffisantes
pour désintéresser intégralement le créancier,
un jugement condamne le tiers-saisi à continuer à
opérer des retenues jusqu'à complète libération
du débiteur.

274. — A propos des effets du jugement de
validité, il y a une question qui est très discutée, qui est celle de savoir si oui ou non il
attribue par une sorte de transport judiciaire
simplement les retenues opérées, ou encore les
retenues futures.

· 275. — En droit commun, d'après une jurisprudence constante, le jugement de validité, lorsqu'il a acquis force de chose jugée, opère au profit du saisissant un transport judiciaire attributif des sommes saisies-arrêtées. Ce transport ne devient définitif à l'égard des tiers, que lorsque le jugement a été régulièrement signifié (A. 1690 C. C.).

Il résulte de cette jurisprudence, que toute saisie-arrêt postérieure à la signification du jugement de validité, ne produit aucun effet, parce qu'elle porte sur des sommes, qui n'appartiennent plus au débiteur saisi.

En ce qui concerne la matière qui nous occupe, cet effet du jugement de validité sur les retenues opérées est généralement admis.

276. — Mais ou se tient la discussion c'est sur le point de savoir si le jugement de validité peut attribuer également aux créanciers qui l'ont obtenu les retenues futures que le patron sera tenu d'opérer ?

La Cour de Cassation par un arrêt du 27 novembre 1894 (1) a admis l'affirmative et décidé qu'un créancier, ayant un jugement devenu définitif, qui valide une saisie-arrêt par lui faite entre les mains d'un patron sur le salaire d'un de ses ouvriers, peut exiger que ce patron lui verse non seulement toutes les retenues opérées jusqu'au jugement de validité, mais encore toutes les retenues qu'il sera tenu de faire dans la suite, au fur et à mesure de leur échéance, et cela jusqu'à con-

(1) (S. 1896, 1, 489).

currence des causes de la saisie-arrêt, et nonobstant toute saisie arrêt postérieure.

Un commentateur (1) a soutenu la même opinion.

277. — Mais la majorité des auteurs est d'un avis contraire.

Le système de la jurisprudence a en effet de graves inconvénients.

Le premier c'est qu'il consacre au profit du créancier premier saisissant un véritable privilège, en dehors d'un texte formel de loi.

En second lieu il a pour conséquence de frapper la partie saisissable du traitement d'une indisponibilité qui pourra durer très longtemps.

On peut opposer à ce système un argument sérieux tiré des termes mêmes de l'art. 11. Il est dit en effet dans cet article que la répartition doit être faite entre tous les créanciers connus.

C'est donc que le créancier premier saisissant n'a pas le droit de s'attribuer à lui seul toutes les retenues.

278. — Suivant nous il faut distinguer suivant que le créancier qui demande sa collocation a été porté au premier jugement de validité, ou au contraire qu'il n'est intervenu qu'après le jugement rendu. Dans le premier cas, il participera à la répartition tant sur les retenues échues pendant le cours de la procédure en validité que sur celles échues depuis le jugement. Dans le second cas au contraire, il ne pourra être colloqué que sur les sommes retenues depuis le jugement.

(1) **Pabon,** *op. cit.,* n° 311, p. **274.**

§ VI. — Main-levée de la saisie-arrêt

279. — On distingue deux sortes de mains-levées : la main-levée amiable et la main-levée judiciaire.

280. — La main-levée amiable se produit à la suite d'un accord intervenu entre le débiteur saisi et le ou les créanciers saisissants ou opposants.

Aucune forme spéciale n'a été exigée par la loi nouvelle pour cette main-levée. Il faut en conclure que le créancier, qui voudra donner main-levée, pourra le faire par acte sous-seing privé délivré soit au saisi, soit au tiers-saisi, soit par une déclaration faite au greffe et consignée sur le registre de l'article 14. Cette dernière manière de procéder est même la meilleure, car elle permet de clôturer la saisie-arrêt sur le registre.

Quelle que soit la forme de l'acte de main-levée, cet acte doit être fait sur papier libre et enregistré gratis, en conformité de l'article 15 de la loi.

281. — La main-levée judiciaire est celle qui résulte d'un jugement. Le jugement de main-levée peut se présenter dans différents cas. Il en sera ainsi par exemple, lorsque le demandeur fera défaut, lorsque la saisie-arrêt sera déclarée nulle soit pour une question de fond, soit pour un vice de forme, ou lorsqu'il est démontré que le traitement de l'employé dépasse 2.000 francs.

Le législateur de 1895 n'ayant pris aucune règle au sujet du jugement de main-levée, nous pensons que toutes les règles du jugement de validité lui sont applicables, notamment en ce qui concerne la signification et les voies de recours.

282. — Quels sont les effets de la main-levée de la saisie-arrêt ? L'effet général est d'étendre la saisie-arrêt d'une façon rétroactive.

Il résulte de là que lorsque la main-levée a eu lieu, le patron ne peut plus opérer de retenues, et il sera tenu de remettre au débiteur celles qu'il aurait pu effectuer.

Il en résulte ainsi que lorsqu'un nouveau créancier se présentera, il devra procéder par la voie de l'exploit.

283. — Supposons que la main-levée ait été donnée par un simple acte signifié au tiers-saisi, acte que les créanciers qui n'y ont pas été parties ignoreront, comment ceux-ci devront-ils procéder s'ils veulent saisir ? Ils ne pourront procéder par la voie de l'exploit, car le juge de paix ou le greffier refuseront l'autorisation ou le visa, attendu que le registre indique qu'il y a eu déjà une saisie-arrêt. Suivant nous, ils pourront procéder par la voie de l'intervention, car dans ce cas, si la saisie-arrêt est éteinte au regard du saisissant et du saisi, elle existe encore au regard du juge de paix et du greffier, tant que la main-levée n'a pas été transcrite sur le registre.

284. — Une autre difficulté peut se présenter. Supposons qu'une saisie-arrêt a été faite, le patron a fait des retenues à son ouvrier pendant un certain temps, puis la main-levée de la saisie est donnée. Mais aussitôt après, et sans que le patron ait eu le temps de remettre à cet ouvrier les retenues qu'il avait dû lui faire, un autre créancier de

cet ouvrier fait sur son salaire une nouvelle saisie-
arrêt. On s'est demandé si le patron devait néanmoins remettre à son ouvrier les retenues faites ou
au contraire s'il devait les conserver pour le nouveau
saisissant ?

Nous pensons que le patron devait faire remise
à son ouvrier des retenues opérées en raison de la
première saisie-arrêt. Nous avons vu en effet que
la main-levée éteint la saisie-arrêt d'une façon
rétroactive. Donc tous les effets produits doivent
être annulés et les retenues opérées deviennent
par le seul fait de la main-levée la propriété de
l'ouvrier sur qui elles ont été faites. Le fait matériel
de la remise est absolument inutile pour cela. Il
importe donc peu que cette remise ait été ou non
opérée.

TROISIÈME PARTIE

DE LA RÉPARTITION DES SOMMES SAISIES-ARRÊTÉES

285. — La saisie prévue par la loi nouvelle a été régulièrement faite et validée par un jugement, qui a condamné le tiers saisi à payer ce qu'il peut devoir au saisi entre les mains du ou des saisissants.

Mais l'objet de la saisie-arrêt n'est pas encore atteint : le but des créanciers n'est pas en effet d'obtenir une simple consécration judiciaire de leurs droits, mais bien le transport dans leurs mains des deniers saisis-arrêtés. Il faut donc opérer entre eux et suivant leurs droits la distribution de ces deniers. C'est là l'objet de la procédure de répartition par contribution, à l'étude de laquelle nous arrivons.

286. — La loi nouvelle a considérablement simplifié cette procédure telle qu'elle est organisée par le droit commun.

Faisons remarquer avant tout qu'il n'est du reste nécessaire d'y recourir que s'il y a plusieurs créanciers au concours. S'il n'y a qu'un saisissant, il est certain qu'il n'y aura pas lieu à répartition ; et le juge dans le jugement de validité n'aura qu'à lui attribuer purement et simplement le dixième saisi jusqu'à concurrence de sa créance. De même aussi il n'y aurait pas lieu à distribution, lorsque les créanciers opposants ne doivent pas être désintéressés sur les mêmes portions du salaire saisi, comme au cas où se trouvent en présence un créancier saisissant, un créancier cessionnaire, et le patron.

En définitive, il n'y a lieu à distribution que lorsqu'il y a plusieurs créanciers et lorsque les sommes dues par le tiers-saisi au moment du jugement de validité ne sont pas suffisantes pour désintéresser les créanciers qui y ont été parties, le juge de paix n'a pas cru devoir faire la répartition dans le jugement de validité.

287. — Pour simplifier l'étude des dispositions de l'article 11, qui régit la matière, nous traiterons successivement les points suivants :

1° De la compétence.

2° De la répartition amiable et de ses effets.

3° De la répartition judiciaire et de ses effets.

4° Des voies de recours, contre la répartition judiciaire.

CHAPITRE PREMIER

DE LA COMPÉTENCE DU JUGE DE PAIX

288. — La loi nouvelle ne dit pas expressément quel est le juge de paix, qui devra procéder à la répartition des deniers saisis. Mais il est bien certain, et cela résulte du texte même des articles 11 et 14, que le juge de paix compétent, pour statuer sur la validité de sa saisie, est également le seul compétent pour procéder à la répartition des deniers saisis.

Cette attribution de compétence se justifie donc pratiquement par ce fait, que seul le juge de paix, qui a statué sur la saisie-arrêt, possède les éléments avec lesquels peut être établie la répartition des deniers saisis, et théoriquement en ce sens que c'est la même procédure qui continue.

L'incompétence *ratione loci* est-elle dans ce cas d'ordre public ? Nous avons admis qu'en général elle n'est pas d'ordre public. Mais nous sommes portés à admettre qu'ici elle revêt ce caractère, parce que l'ordre public s'oppose à ce que le registre du greffe soit déplacé, ce qui serait nécessaire si un juge de paix, autre que celui qui a statué sur la validité, pouvait être chargé de la répartition (1).

(1) Pabon. *op. cit.*, n° 358, p, 320.

289. — En ce qui concerne la compétence *ratione materiæ* le juge de paix est compétent d'une façon illimitée pour distribuer d'office les deniers, qui ont fait l'objet de la saisie-arrêt, sur laquelle il a statué. L'article 11 est en effet très affirmatif sur ce point, et donne pouvoir au juge de paix d'établir la répartition, quel que soit le montant de la somme à distribuer.

CHAPITRE II

DE LA RÉPARTITION AMIABLE ET DE SES EFFETS

290. — Le législateur de 1895, pas plus que le législateur de droit commun, n'a posé de règles au sujet de la répartition amiable. Ils se sont contentés simplement de la prévoir, en y faisant allusion dans les textes. De là sont nées des difficultés.

291. — On s'est demandé d'abord comment cette répartition devait se faire ?

Certains auteurs (1) ont prétendu que c'est le juge de paix lui-même, qui doit procéder à la répartition amiable, après avoir convoqué les parties devant lui. Ils invoquent en faveur de leur système le texte de l'article 11, qui stipule que le juge de paix doit d'abord invoquer les parties devant lui, lorsque la somme à répartir atteint un chiffre suffisant pour distribuer un dividende de vingt pour cent, et qui ensuite, si les parties ne se sont pas amiablement entendues pour la répartition, le juge doit procéder à la distribution entre les ayants droits. C'est donc, disent-ils, que le juge de paix doit procéder lui-même à la répartition amiable.

(1) Pabon, *op. cit.* n° 4¹3, p. 367.

Pour notre part nous n'admettons pas cette manière de voir. Nous pensons, en effet que le législateur de 1895 n'ayant posé aucune règle au sujet de la répartition amiable, il a entendu se référer au droit commun. Or ce droit commun, il est bien certain que le juge chargé de la répartition, n'a aucun pouvoir pour procéder à un règlement amiable. D'autre part si le législateur de 1895 avait voulu accorder au juge de paix une semblable attribution, il n'aurait pas manqué d'en régler la forme.

Il faut donc décider que le juge de paix n'a aucune compétence pour procéder au règlement amiable. C'est en dehors de sa présence que l'arrangement doit intervenir.

Mais le juge de paix pourrait-il enregistrer l'accord intervenu entre les parties en dehors de lui ? Nous le pensons.

292. — La répartition amiable suppose le concours de tous les créanciers et du débiteur saisi, mais elle ne nécessite pas la présence du tiers saisi. Aucune capacité spéciale n'est exigée pour pouvoir donner les mains à un arrangement sur ce point.

293. — Aucune forme spéciale n'est exigée pour la répartition amiable. Lorsqu'elle a lieu hors la présence du juge nous pensons qu'elle doit être rédigée par écrit, lorsque la somme distribuée est supérieure à 150 francs, et que cet acte écrit doit être fait en autant d'originaux, qu'il y a de parties ayant un intérêt distinct.

Lorsque c'est le juge de paix, qui constate l'arrangement intervenu, l'on doit dresser un procès-verbal.

Dans tous les cas le procès-verbal de répartition amiable doit être transcrit sur le registre prévu à l'article 14.

294. — Quel est le caractère juridique du procès-verbal de répartition amiable et quels sont ses effets ? Il constitue, suivant nous, un acte authentique, qui a absolument les mêmes caractères qu'un procès-verbal de conciliation ordinaire.

Il n'a en conséquence par lui-même aucune force exécutoire. Si donc le tiers-saisi se refuse à payer l'un des créanciers, celui-ci pour pouvoir procéder à une saisie-exécution des biens de ce tiers-saisi, sera obligé de l'entraîner devant le Tribunal compétent, afin d'obtenir contre lui un jugement de condamnation.

Il résulte aussi de là qu'il n'emporte jamais hypothèque sur les biens du tiers-saisi.

CHAPITRE III

DE LA RÉPARTITION JUDICIAIRE ET DE SES EFFETS

295. — Nous avons vu que la répartition des deniers saisis devait être faite par le juge de paix. Mais à quel moment pourra-t-elle procéder à cette distribution ?

Le législateur de 1895 a posé à ce sujet deux règles, dont l'une n'est d'ailleurs que l'application du droit commun, mais dont l'autre est tout à fait spéciale à notre matière.

296. — La première de ces règles c'est que la distribution ne peut être ouverte qu'après l'expiration des délais de recours, c'est-à-dire lorsque le jugement de validité sera passé et force de chose jugée.

La raison de cette règle s'aperçoit facilement. En effet si la distribution était commencée avant que le jugement soit devenu définitif, et que l'une des parties vienne à exercer une voie de recours, la procédure de distribution devrait nécessairement être suspendue, jusqu'à ce qu'il ait été statué sur la nouvelle action, et pourrait même être annulée au cas où le premier jugement viendrait à être cassé.

297. — La seconde règle, posée également par l'article 11 de la loi, est que le juge de paix ne pourra commencer la distribution, que lorsque

la somme à distribuer sera suffisante pour donner aux créanciers connus un dividende de vingt pour cent au moins.

Le législateur a voulu en effet, en édictant cette règle, protéger à la fois l'intérêt des créanciers et surtout celui du débiteur en évitant les frais qu'entraîneraient des répartitions trop souvent répétées et ne donnant à chaque créancier qu'une somme minime.

On a cependant adressé à cette disposition des critiques sérieuses. On a dit qu'elle allait à l'encontre de l'intérêt des créanciers hypothécaires ou privilégiés, qui sont alors obligés d'attendre qu'il y ait une somme suffisante pour faire une distribution, alors que, sans cette prescription ils pouvaient se faire payer immédiatement.

On a dit aussi que cette prescription était contraire à l'intérêt bien entendu du débiteur, parce qu'il est à craindre que les créanciers dans le but d'éviter les lenteurs de la distribution, ne recourent immédiatement à la saisie-exécution.

Ces critiques sont très justes au fond. Mais que l'on nous permette de faire observer qu'il était très difficile en cette matière de concilier les intérêts de toutes les parties, sans en léser quelques-unes.

298. — Le législateur de 1895 a aussi dérogé sur un autre point au droit commun. Le tiers-saisi est, en droit commun, tenu de déposer les sommes saisies-arrêtées, à la Caisse des dépôts et consignations. Dans la loi nouvelle au contraire le tiers-saisi est tenu de conserver entre ses

mains et sous sa propre responsabilité, les différentes retenues qu'il a dû opérer. Cela résulte nettement de l'article 11 *in fine*, qui donne aux créanciers colloqués une action directe contre le tiers-saisi. Cette disposition a été évidemment conçue dans le but de rendre la procédure plus simple. Mais néanmoins il faut faire observer que souvent elle sera contraire à l'intérêt des créanciers, en ce sens que leurs droits seront moins sauvegardés, le tiers-saisi présentant quelquefois peu ou pas de garanties.

299. — La procédure de répartition judiciaire est en elle-même très simple. Les créanciers n'ont pas besoin de faire une production par ministère d'avoué, comme en matière ordinaire. La déclaration qu'ils ont faite au greffe en intervenant, tient lieu de production.

La distribution doit être faite entre tous les créanciers, qui sont intervenus : le registre tenu au greffe à cet effet donnera aux juges tous les renseignements nécessaires.

Le juge devra d'abord prélever, sur la somme à distribuer, tous les frais. Il colloquera ensuite les créanciers privilègiés, suivant le rang qui doit leur être attribué. Il répartira enfin le reliquat au marc le franc entre les créanciers chirographaires.

300. — Faisons observer que le calcul du dividende de 20 pour cent doit s'établir déduction faite des frais et du montant des créances privilégiées. Les frais, dont il est question à l'article 11, doivent comprendre les frais de saisie-arrêt et ceux de distribution.

Quant aux créances privilégiées, ce sont celles qui sont prévues et classées soit par les articles 2,101 et suivants du Code civil, soit par diverses lois spéciales.

301. — Le juge de paix doit d'abord et avant tout convoquer les parties. A cet effet le greffier adresse aux créanciers, au tiers-saisi et au saisi une lettre recommandée leur indiquant le jour et l'heure fixés pour la comparution.

Le jour de la comparution étant arrivé, si toutes les parties se présentent et déclarent être d'accord pour la distribution amiable, le juge de paix n'a qu'à enregistrer leur convention, qu'il fait signer par toutes les parties.

Si au contraire quelques unes d'elles font défaut, ou si toutes étant présentes, elles déclarent n'avoir pu s'accorder pour un réglement amiable, le juge les renvoie à la répartition judiciaire.

302. — Le juge alors dresse un état de répartition. Cet état n'est pas un simple travail préparatoire, mais au contraire un [état définitif, contre lequel les créanciers n'auront d'autres moyens do recours que les voies ordinaires.

L'état de répartition, une fois qu'il est dressé par le juge de paix, doit être aussitôt transcrit sur le registre du greffier, et signé par lui et ce dernier.

Il est à remarquer que le juge de paix n'est pas tenu de dresser cet état de répartition en présence des parties. Aucun texte ne l'y oblige. Il vaut même mieux qu'il le fasse dans le silence de son cabinet, où il pourra examiner plus attentivement les demandes de collocation.

303. — L'état de répartition transcrit régulièrement sur le registre du greffe, le greffier doit
en adresser une copie, munie des deux signatures
requises, au débiteur saisi ou au tiers-saisi et à
chaque créancier colloqué, les copies doivent être
adressées par lettre recommandée.

La loi semble donner au greffier un choix entre
le débiteur saisi et le tiers-saisi. Mais à notre
avis, il faut admettre qu'une copie doit être
adressée à l'un et à l'autre, car ils ont tous deux
intérêt à connaître la répartition, les frais n'étant
pas d'ailleurs sensiblement augmentés.

Aucun délai n'est imparti au greffier pour
l'envoi des copies de l'état de répartition.

304. — Quel est le caractère juridique de l'état
de répartition dressé par le juge de paix ? Quels
sont les effets ?

Nous avons vu que le procès verbal de répartition amiable n'a pas lui-même aucune force
exécutoire.

Il n'en est pas de même à notre avis de
l'état de répartition. Le juge de paix en le
dressant fait, suivant nous, acte de juridiction
contentieuse, et l'on doit considérer l'état de
répartition comme un véritable jugement.

De ce caractère il résulte que l'état de répartition
acquiert, comme les jugements, l'autorité de la
chose jugée, qu'il jouit de la force exécutoire,
enfin qu'il emporte hypothèque judiciaire.

Il résulte aussi qu'au point de vue de la forme,
il doit contenir tous les éléments du jugement,
c'est-à-dire des motifs, un dispositif et être revêtu
de la formule exécutoire.

305. — Quant aux droits que la répartition judiciaire confère aux créanciers colloqués, l'article 11 stipule expressément qu' « ils acquièrent une action directe contre le tiers-saisi en payement de leur collocation », L'état de répartition a donc pour effet d'attribuer le montant de la collocation au créancier colloqué, qui peut par suite en disposer par voie de cession notamment, sans le concours du débiteur, c'est-à-dire sans son acceptation dans un acte authentique ou sans qu'il soit nécessaire de lui signifier le transport.

Par suite de cette attribution, il résulte qu'à partir du moment où l'état de répartition est arrêté, aucun autre créancier ne peut demander à concourir dans la distribution des sommes ainsi attribuées.

Mais il n'en résulte pas que le tiers-saisi devient le débiteur des créanciers colloqués au lieu et place du débiteur saisi, la novation ne saurait en effet se présenter. Les créanciers conservent donc tous leurs droits contre le débiteur saisi, et pourront recourir contre lui en cas d'insolvabilité du tiers-saisi, sans qu'il puisse leur opposer une fin de non recevoir.

306. — L'état de répartition devenu définitif, le tiers-saisi devra alors payer à chaque créancier colloqué le montant de sa collocation. Au fur et à mesure des paiements, les créanciers doivent donner quittance en marge de l'état de répartition conformément à l'article 11 *in fine*.

CHAPITRE IV

DES VOIES DE RECOURS CONTRE LA RÉPARTITION JUDICIAIRE

307. — L'état de répartition judiciaire étant un véritable jugement, est donc susceptible des voies de recours ouvertes contre les jugements ordinaires.

Lorsque cet état aura été dressé en présence de toutes les parties, il constituera un jugement contradictoire et la voie de recours ouverte sera l'appel. Lorsqu'au contraire il aura été dressé en l'absence des parties, il constituera un jugement par défaut, et comme tel sera susceptible d'opposition.

Suivant quelles règles pourront être exercées ces voies de recours ? Nous parlerons seulement de l'opposition et de l'appel, les voies de recours extraordinaires étant régies par le droit commun.

308. — *Opposition*. En ce qui concerne les délais et la forme de l'opposition, nous n'avons qu'à renvoyer à ce que nous avons dit précédemment sur cette voie de recours.

Quant aux personnes qui peuvent user de cette voie de recours, ce sont seulement les parties régulièrement convoquées, qui n'ont pas comparu.

L'opposition a pour effet de remettre en question vis-à-vis de toutes les parties l'état de répartition. Chacune d'elle doit donc être prévenue par lettre recommandée du greffier du jour où l'affaire sera appelée, afin qu'elles puissent combattre les conclusions de la partie, qui a formé opposition.

309. — Mais supposons que l'état de répartition soit par défaut à l'égard de certaines parties, et contradictoire à l'égard des autres. Est-ce que l'opposition formée par l'une des parties visées en premier lieu, doit profiter ou nuire selon le cas, aux parties visées en second lieu ? L'affirmative doit être admise. car l'opposition a pour effet de remettre toutes les choses en état, absolument comme s'il n'y avait pas eu de répartition faite.

310. — *Appel.* L'appel pourra être interjeté mais seulement au cas ou l'intérêt en jeu excédera 100 francs. Pour calculer cet intérêt on admet généralement en doctrine, qu'il faut tenir compte du montant de la somme totale à distribuer et non pas seulement du montant de la créance au sujet de laquelle une contestation s'élevera (1).

Mais pour notre part nous rejetons cette doctrine, et nous admettons que pour déterminer s'il y a lieu ou non à appel, il faut distinguer suivant que l'on veut discuter seulement une collocation ou bien l'état de répartition tout entier. Dans le premier cas, la compétence en dernier ressort du juge de paix se déterminera par le montant de la collocation contestée. Dans le second par le montant total de la somme distribuée.

(1) Pabon, n° 351.

Quant aux délais, aux formes et à l'instruction de l'appel nous n'avons qu'à renvoyer à ce que nous avons dit précédemment à ce sujet.

L'appel produit un double effet : un effet suspensif qui empêche l'exécution de l'état de répartition ; et en effet dévolutif, en ce sens que toute l'affaire est remise en état pour être tranchée par le Tribunal ; le jugement, qui interviendra tiendra lieu et place de l'état dressé par le juge de paix, et sera opposable à toutes les parties en cause.

L'appel, remettant en question devant la juridiction du second degré l'état de répartition tout entier, est donc de nature à profiter ou à nuire, par le fait même, à toutes les parties intéressées, qui devront par suite être toutes mises en cause.

APPENDICE

311. — Il nous reste pour terminer notre étude à examiner les difficultés auxquelles a donné lieu la loi nouvelle au point de vue de sa rétroactivité, et à dire quelques mots des critiques qu'on lui a adressées.

312. — La loi nouvelle dans son article 17 abroge toutes les lois et décrets antérieurs en ce qu'ils peuvent avoir de contraire à ses dispositions. Mais la question se pose de savoir si elle doit être considérée comme ayant un effet rétroactif.

Le texte même de la loi est muet sur ce point. D'autre part, en règle générale, quand le législateur promulgue une loi nouvelle, il formule à la fin de cette loi des dispositions transitoires, qui permettent de trancher les difficultés, qui peuvent naître par suite du changement de législation. Rien de semblable dans notre loi. De là des divergences nombreuses. Il nous faut donc pour résoudre ces questions nous en référer aux principes généraux en matière de rétroactivité.

313. — Rationnellement lorsqu'une loi nouvelle est promulguée, elle doit être considérée encore comme constituant un progrès sur la législation antérieure, elle devrait donc régir les faits auxquels elle se rapporte immédiatement. Mais ce principe appliqué rigoureusement aurait entraîné de graves inconvénients au point de vue de l'ordre social. Si en effet du jour au lendemain et sans qu'on s'y attende, des principes nouveaux venaient régir les relations sociales, il n'y aurait plus de sécurité, la société serait livrée à l'instabilité la plus déplorable, au plus effrayant arbitraire ; puisque les intérêts les plus précieux et les plus sacrés des citoyens et des familles ne reposeraient plus sur aucune base, sur aucune garantie.

Ce principe eût été en outre contraire à l'équité, qui veut que les droits acquis soient respectés.

C'est pourquoi le législateur a posé en principe dans l'article 2 du Code civil, que les lois n'ont pas d'effet rétroactif. Mais cet article ne doit pas être appliqué à la lettre et ce que le législateur a voulu avant tout c'est la sécurité dans les relations sociales et le respect des droits acquis. Toutes les fois donc qu'une loi nouvelle pourra être appliquée sans léser des droits acquis, on devra le faire : dans le cas contraire la législation antérieure devra continuer à être appliquée.

314. — Faisons donc application de ces principes à la loi nouvelle. Il nous faut pour cela

distinguer entre les questions relatives au fond, les questions relatives à la procédure, et les questions relatives à la compétence.

315. — Les questions relatives au fond sont celles qui concernent la quotité saisissable et la quotité cessible. La difficulté est alors de savoir à partir de quel moment le créancier saisissant ou le créancier cessionnaire pourra être considéré comme ayant un droit acquis, empêchant par suite la nouvelle loi d'être appliquée.

D'après certains auteurs et suivant un certain nombre de décisions de jurisprudence le créancier saisissant a un droit acquis à partir du jour où il a assigné en validité (1). En effet, disent ces auteurs, c'est à partir de l'exploit de saisie-arrêt que la créance saisie-arrêtée devient indisponible, qu'il est interdit au tiers-saisi de payer entre les mains du saisi aux dépens du saisissant, qu'aucune compensation légale ne peut s'opérer entre le saisi et le tiers-saisi, c'est donc que le saisissant a un droit certain dès ce moment.

A notre avis ce système ne doit pas être admis, et pour nous le créancier saisissant n'a pas de droit acquis tant que la saisie-arrêt n'a pas été validée par un jugement. En effet jusque-là, nous l'avons admis, la saisie-arrêt ne constitue qu'une mesure conservatoire. Seul le jugement constitue un titre pour le saisissant (2).

---

(1) Trib. civ. de la Seine, 2 mars 1895 (S. 1895, 2, 220) ; 9 juin 1896 (Droit, 21 juin 1896, Trib. civ. de Perpignan, 20 Février 1895 (D. 1896, 2, 187,' ; Note de M. Glasson sous Jug. Trib. d'Auxerre, 12 Juin 1896 (D 1896, 2, 186).

(2) Trib. Auxerre, 4 Mars 1895, (D. 1896, 2, 296.)

316. — Mais faut-il que le jugement soit ou non passé en force de chose jugée ? Nous ne le pensons pas.

Il est vrai que jusqu'à l'expiration des délais d'appel, le droit du créancier reste en suspens et n'est pas définitif ; mais cela importe peu. Du moment que le droit est né, il est acquis, qu'il soit ou non définitif.

En ce qui concerne les jugements par défaut, frappés d'opposition, la question doit être tranchée de la même façon.

317. — Donc en résumé tant que la saisie-arrêt n'aura pas été validée par un jugement, le créancier saisissant ne pourra se prévaloir de la non-rétroactivité de la loi relativement à la quotité saisissable.

318. — Des règles analogues doivent être observées en ce qui concerne la cession. Le créancier cessionnaire n'a un droit acquis, que lorsque la cession a été notifiée au débiteur cédé ou acceptée par lui dans un acte authentique. Il ne pourrait donc jusque là se prévaloir de la non rétroactivité.

319. — En ce qui concerne les questions relatives à la compétence et à la procédure, plusieurs systèmes ont été proposés :

Dans un premier système on admet que l'assignation en validité constitue pour les parties un droit acquis à être jugé par le juge saisi. Le juge, régulièrement saisi d'une instance en validité, demeurerait donc compétent pour statuer, malgré une loi nouvelle promulguée depuis que l'instance a été introduite.

Suivant un autre système, la rétroactivité de la loi devrait être écartée, du moment que l'affaire serait en état devant le Tribunal. C'est-à-dire lorsque les parties ont posé qualités, mais il ne suffirait pas que l'assignation en validité ait été lancée (1).

Il y a enfin un troisième système, auquel nous nous rangeons, et qui admet qu'il n'y a de droit acquis pouvant faire écarter la rétroactivité d'une loi nouvelle, que lorsqu'il y a lieu un jugement de validité. Il ne faut pas oublier en effet que les lois de compétence et de procédure ont un caractère d'ordre public et d'intérêt général, qui fait qu'elles doivent agir rétroactivement.

320. — Des règles analogues doivent être appliquées pour les questions de compétence et de procédure relatives à la répartition par contribution.

Si la procédure de distribution n'est pas encore commencée, elle devra être faite conformément aux règles nouvelles, alors même que la saisie-arrêt aurait été faite suivant les règles anciennes.

Si au contraire cette procédure est commencée devant le Tribunal civil, le juge saisi sera compétent pour la poursuivre dans les formes du Code de procédure.

Mais quand devra-t-on considérer que la procédure de distribution est commencée ? C'est lorsque le créancier poursuivant la distribution a déposé au greffe une requête tendant à ce qu'il soit commis un juge pour procéder à la distribution judiciaire. C'est la date de cette requête qui

____

(1) Cour d'Aix, 18 Février 1846 (S. 8886. 2, 169.)

fixe la procédure à suivre. Si elle est antérieure à la loi nouvelle, la procédure ancienne devra être saisie. Dans le cas contraire ce sera la procédure nouvelle.

321. — Il peut arriver que postérieurement à la première saisie arrêt faite suivant les règles du Code de Procédure, et avant la procédure de distribution, il se présente d'autres créanciers, mais après la promulgation de la loi nouvelle. Ces créanciers devront procéder suivant les règles de cette loi. Quel sera dans ce cas le juge compétent? La règle indiquée plus haut doit être appliquée. Si la procédure est commencée devant le Tribunal, ce sera le juge saisi qui sera compétent et le juge de paix devrait renvoyer les créanciers, qui ont obtenu de lui des jugements de validité, à produire dans les formes ordinaires à la contribution ouverte devant le Tribunal civil. Si au contraire la procédure n'est pas commencée, le juge de paix sera seul compétent, pour procéder à la distribution de toutes les sommes saisies-arrêtées.

322. — Nous avons indiqué dans le cours de cette étude quels ont été les progrès réalisés par la loi du 12 janvier 1895 sur la législation antérieure. Résumons-les brièvement. Grâce à cette nouvelle législation, les saisies-arrêts des salaires et petits traitements, nécessaires à l'existence des travailleurs modestes et de leur famille, ont cessé d'être soumis à une législation plus ou moins arbitraire.

En limitant la quotité saisissable et la quotité cessible, elle a garanti le crédit de l'ouvrier et l'a

mis à l'abri de la misère, en empêchant son créancier d'absorber tout son salaire dans des poursuites excessives. D'autre part, en attribuant
compétence en cette matière au juge de paix, et en
simplifiant la procédure de distribution par contribution, elle a considérablement diminué les
frais, qui, auparavant absorbaient la plus grande
partie de la somme à distribuer.

323. — Ce n'est pas à dire cependant qu'elle soit
absolument parfaite. Bien loin de là, et tout le
monde s'accorde aujourd'hui pour reconnaître que
la loi du 12 janvier 1895 est demeurée imparfaite
et n'a pas réalisée les bienfaits qu'on en atten-
dait.

Dès sa promulgation, les praticiens les plus
expérimentés en avaient signalé les lacunes, et
depuis, dans la pratique, on s'en est bien aperçu,
à tel point que le Gouvernement n'a pas hésité à
reconnaître, dans la séance de la Chambre du 20
janvier 1898, que cette loi conçue et édictée dans
des vues libérales n'a pas réalisé les avantages
sur lesquels on comptait dans l'intérêt des ouvriers ; que bien plus elle s'est en quelque sorte
retournée contre eux, particulièrement dans les
grands centres industriels.

324. — Aussi une proposition nouvelle, tendant
à modifier cette loi, a-t-elle été déposée au début
de l'année 1898 sur le bureau de la Chambre. Nous
trouvons, dans l'exposé des motifs de cette proposition de loi, les principales critiques que l'on peut
adresser à la loi de 1895.

325. — Ces critiques portent d'abord sur l'obligation du visa pour le créancier porteur d'un titre

et les formalités de l'inscription au greffe pour les saisies-arrêts postérieures, dites « interventions ». Il est certain que le législateur est tombé sur ce point dans une profonde erreur.

Il voulait en effet diminuer les frais en supprimant les formalités de la procédure ordinaire, il se trouve que le contraire en est résulté ; et cela par suite des dispositions qu'il a introduites dans la loi, dispositions exorbitantes du droit commun, et la source continuelle de procès et de frais.

326. — Un autre point très critiquable dans la loi, c'est que le créancier n'est pas astreint à fixer, préalablement à l'instance, le quantum annuel du traitement ou du salaire du débiteur saisi. Il résulte de là de graves inconvénients. Supposons en effet que le saisi et le tiers-saisi fassent défaut, le juge de paix sera dans l'impossibilité de rendre son jugement, car il n'aura aucun élément pour fixer la quotité saisissable.

Il peut arriver aussi qu'à la suite d'une saisie-arrêt sur un traitement que le créancier a dit être inférieur à 2000 francs par an, on s'aperçoive qu'il est au contraire supérieur à cette somme, et que comme tel il échappe à la loi de 1895. La procédure commencée est forcément nulle, et le créancier se trouve obligé d'en supporter les frais, sans qu'il y ait eu aucune faute de sa part.

327. — En ce qui concerne la compétence, les innovations du législateur de 1895 n'ont guère été plus heureuses. Nous avons vu que seul le juge de paix du domicile du débiteur saisi était compétent. Cette innovation est unanimement critiquée

par les commentateurs comme présentant deux
graves inconvénients. — Le premier c'est que l'ouvrier changeant très fréquemment de domicile, le
créancier ne pourra jamais savoir, s'il y a eu déjà
ou non des oppositions faites sur son salaire, et
s'il doit lui-même faire une saisie-arrêt, ou recourir à la procédure d'intervention. — Le second c'est
qu'un patron, occupant beaucoup d'ouvriers, habitant dans plusieurs cantons, comme cela se présente surtout à Paris et dans les grandes villes,
sera obligé de comparaître devant plusieurs juges
de paix, et pour éviter cette perte de temps et ces
ennuis, préferera de beaucoup congédier les ouvriers, sur le salaire desquels des oppositions seront faites.

328. — Il est enfin un dernier point que l'on peut
aussi critiquer : c'est le fait par le législateur de
1895 d'avoir laissé subsister une procédure com-
pliquée et dispendieuse pour la distribution judiciaire des sommes saisies-arrêtées.

329. — C'est pour remédier à ces divers inconvénients que diverses propositions de loi furent
déposées à la Chambre par MM. Odilon-Barrot,
Basly et Plichon. Ces propositions visaient plus
spécialement la réforme de la procédure de répartition judiciaire, mais ne furent pas adoptées. Une
autre proposition déposée par M. Rose au début
de l'année 1898, eut plus de succès. Elle a été adoptée par la Chambre des députés dans sa séance du
1er avril 1898.

Les deux grandes innovations, contenues dans
ce projet de loi sont les suivantes : suppression de
l'exploit de saisie-arrêt et du ministère de l'huis-

sier, remplacement de ce dernier par la poste et le greffier. Mais cette proposition n'a pas encore été soumise au Sénat, et il faut espérer que lorsqu'elle viendra devant la haute Assemblée, celle-ci ne l'adoptera pas, car jamais une plus grave atteinte ne serait portée aux principes de notre législation civile.

330. — On a essayé de justifier la suppression de l'exploit de saisie-arrêt par des raisons d'économie « cet exploit, dit le rapporteur, pouvant être délivré par n'importe quel huissier de l'arrondissement, entraînait généralement un surcroît de frais considérable par suite des sommes dues à l'huissier en cas de déplacement, et par suite aussi de la copie des titres. De plus, avec la loi de 1895 qui a supprimé la dénonciation de la saisie-arrêt, le débiteur n'était prévenu que le jour, où il se présentait chez son patron pour toucher son salaire et apprenait la saisie opérée. Enfin l'exploit fait par l'huissier était une source de difficultés, et de complications inutiles et génératrices de conflits. »

Il est facile de montrer le peu de valeur des motifs invoqués par le rapporteur. Il est en effet très rare de voir un créancier s'adresser à un autre huissier que celui de son canton. Quant à la copie des titres, ce n'est pas cela qui peut occasionner beaucoup de frais, car les émoluments sur ce point ne sont pas très élevés.

331. — Suivant nous, on ne saurait d'ailleurs sans de graves dangers supprimer l'exploit de saisie-arrêt, car la signification, au seuil d'une procédure très délicate, comme celle de la saisie-

arrêt, d'un acte authentique par un officier minis-
tériel compétent et habilité à cet effet, est une mesure de sécurité, dont on ne saurait se dispenser.
Une simple lettre, même recommandée, ne peut
pas offrir les mêmes garanties qu'un acte signifié
par un huissier.

Le projet Rose voudrait en effet remplacer l'huissier par la poste. A notre avis, et c'est d'ailleurs
le sentiment des commentateurs les plus éminents
et des praticiens les plus expérimentés, une telle
réforme serait dangereuse et impraticable. Le facteur des postes n'a pas les connaissances nécessaires pour faire ce que le praticien peut faire, et
souvent n'aura pas le temps nécessaire à cet
effet.

332. — Une autre innovation contenue dans le
projet Rose est aussi très critiquable. Elle consis-
terait à charger les greffiers d'encaisser les retenues et de les distribuer dans tous les cas. Cette
innovation serait à notre avis, d'abord contraire
au droit et surtout très dangereuse. Contraire au
droit, en ce sens que le greffier, en opérant ainsi
ces recouvrements pour les créanciers, deviendrait
un gérant d'affaires, partant un commerçant,
chose incompatible avec sa profession. Dangereux
en ce sens, qu'elle entraînerait pour les greffiers
une énorme responsabilité.

333. — Toutes ces critiques suffisent pour faire
comprendre que le projet Rose ne doit pas être
admis. Espérons que le Sénat le comprendra et ne
ratifiera pas le vote de la Chambre. Cependant, en
l'état actuel de la législation sur ce point, une réforme s'impose. Nous ne pouvons mieux faire

pour terminer que d'indiquer quels sont, à notre avis, les différents *desiderata* que l'on peut formuler en cette matière.

1° Garantir les droits du créancier et par suite le crédit de l'ouvrier, rendre l'exercice de ces droits plus rapide et plus facile, et cela en simplifiant la procédure de saisie-arrêt, sans cependant en enlever les garanties.

2° Maintenir au seuil de la procédure l'exploit d'huissier, garantie de la signification et de l'authenticité des actes.

3° Offrir aux créanciers et au débiteur, à toute phase de la procédure, une solution facile et prompte, qu'ils ne peuvent trouver que dans la distribution amiable.

Vu :	Vu :
Le Doyen,	*Le Président de Thèse,*
E. LEDERLIN.	BEAUCHE.

Vu et permis d'imprimer :

Nancy, le 21 avril 1899.

Le Recteur,

A. GASQUET.

INDEX BIBLIOGRAPHIQUE

———

Aubry et Rau. – Cours de droit civil français.

Bourgueil — La saisie-arrêt.

Dalloz. –- Répertoire et supplément au répertoire (Vº Saisie-Arrêt).

Emion. — Commentaire de la loi du 12 Janvier 1895.

Garsonnet. — Traité théorique et pratique de procédure.

Lepelletier. — Manuel pratique de la loi du 12 Janvier 1895 sur la saisie-arrêt.

Pabon. — Commentaire de la loi du 12 Janvier 1895 (3ᵉ édition).

Prada. —De la saisie-arrêt sur les salaires et petits traitements des ouvriers et employés.

Rousseau et Laisney. — Dictionnaire de procédure civile. — Recueil périodique de procédure civile.

Strauss. — Commentaire de la loi du 12 Janvier 1895 sur la saisie-arrêt des salaires et petits traitements.

Publications Périodiques.

Annales de la Justice de Paix.
Annuaire de Législation Etrangère.
Gazette du Palais.
Journal officiel.
Le Droit.
La Loi.

Les lois nouvelles.
Moniteur des Huissiers.
Moniteur Judiciaire de Lyon.
Recueil des lois et arrêts de Sirey.
Recueil périodique de jurisprudence de Dalloz.

Circulaires.

Circulaire du ministre des finances du 12 Juin 1818 ; ordonnance du 25 Décembre 1837.
Circulaire du ministre du commerce et de l'industrie du 9 Mai 1895.

TABLE DES MATIÈRES

TROISIÈME PARTIE

APPENDICE

www.ingramcontent.com/pod-product-compliance
Ingram Content Group UK Ltd.
Pitfield, Milton Keynes, MK11 3LW, UK
UKHW021924070726
13614UKWH00001B/240